Michael Felser/Hans-Willi Philipp

Die erfolgreiche Kanzleigründung

Anleitung zur Rechtsanwaltskarriere

Michael Felser
Hans-Willi Philipp

Die erfolgreiche Kanzleigründung

Anleitung zur Rechtsanwaltskarriere

Bund-Verlag

Die Deutsche Bibliothek – CIP-Einheitsaufnahme

Felser, Michael:
Die erfolgreiche Kanzleigründung: Anleitung zur
Rechtsanwaltskarriere / Michael Felser ; Hans-Willi Philipp.
Köln : Bund-Verl., 1997
ISBN 3-7663-2689-9
NE : Philipp, Hans-Willi :

Umschlaggestaltung: Marianne Redling, Köln
Satz: Dörlemann Satz, Lemförde
Druck und Bindung: Wilhelm Röck Graphische Betriebe, Weinsberg
Printed in Germany 1997
ISBN 3-7663-2689-9

Inhaltsverzeichnis

Vorwort

Aller Anfang ist schwer! Dies weiß einer der Autoren aus eigener, noch recht frischer Erfahrung. Mit der Vorbereitung des Starts in die Selbständigkeit kann gar nicht früh genug begonnen werden. Der Ratgeber wendet sich daher auch schon an Rechtsreferendarinnen und Rechtsreferendare, die sich bereits frühzeitig für den Berufswunsch Rechtsanwältin bzw. Rechtsanwalt entschieden haben und an Assessorinnen und Assessoren, die sich als Anwältin oder Anwalt oder Syndikus in einer Sozietät, Bürogemeinschaft, Partnerschaft, Anwalts-GmbH oder alleine niederlassen werden.

Gerade Berufsanfängerinnen und -anfänger machen oftmals Fehler bei den zahlreichen finanziellen und organisatorischen Fragen, die zu Beginn der Kanzleigründung stehen, aber auch im Umgang mit den ersten Mandanten. Falsche Weichenstellungen können hier angesichts der bis zu fünf Jahre langen Durststrecke bei der Etablierung am Markt und den zu Beginn erforderlichen Investitionen das vorzeitige »Aus« für das Vorhaben Anwaltskanzlei bedeuten. Der Ratgeber zeigt auf, wie man auch mit wenig Eigenkapital eine erfolgreiche Existenzgründung bewerkstelligt und sich in einem zunehmend schwieriger werdenden Markt durchsetzt.

Einen Schwerpunkt stellt die Erschließung einer eigenen gesunden Mandantenstruktur im Rahmen des im Umbruch befindlichen Standesrechts dar. Gerade Anfänger werden häufig mit zweifelhaften Mandaten beglückt. Da diese nicht nur zu Honorarausfällen führen, sondern auch sehr arbeitsintensiv sind, fehlt häufig die Zeit für unternehmerisches Marketing.

Eine systematische Vorbereitung der Kanzleigründung ist daher Voraussetzung für den Erfolg des Unternehmens »Rechtsanwältin bzw. Rechtsanwalt«. Der Ratgeber versteht sich als Begleiter von der Planung der Niederlassung bis zur Existenzkonsolidierung der Kanzlei und ist daher chronologisch aufgebaut.

Stichworte für eine erfolgreiche Berufsausübung sind: Wahl der

Kanzleiform, Finanzierungsmöglichkeiten, Versicherungsfragen, sachliche Ausstattung der Kanzlei, Einsatz von Technik, Hard- und Software, Informationsquellen, Qualifizierung und Qualifizierungsangebote, anwaltliche Werbung, Mandantenakquisition, Mandantenpflege, Kontaktpflege, richtiges Verhalten bei der Abrechnung der Mandate, Maßnahmen zur Einnahmeverbesserung, Controlling, Kosten und Besteuerung der Kanzlei, um nur die wichtigsten zu nennen.

Da die Anwaltschaft aufgrund steigender Niederlassungszahlen zunehmend unter »Expansionsdruck« steht, werden auch bisher unbearbeitete Felder anwaltlicher Marktchancen sowie die Notwendigkeit einer Spezialisierung aufgezeigt.

Der Ratgeber versteht sich ganz selbstverständlich als Schnittstelle für weitere Informationen und enthält einen umfangreichen Adressenteil sowie zahlreiche weiterführende Literaturhinweise.

Köln, im September 1996 Die Verfasser

Abkürzungsverzeichnis

a.a.O.	am angegebenen Ort
Abs.	Absatz
AFG	Arbeitsförderungsgesetz
AG	Amtsgericht
AG	Aktiengesellschaft
a.G.	auf Gegenseitigkeit
Anh.	Anhang
Anm.	Anmerkung
AOR	Akademischer Oberrat
ArbG	Arbeitsgericht
ArbGG	Arbeitsgerichtsgesetz
Art.	Artikel
Aufl.	Auflage
AV	Allgemeine Verfügung
Az	Aktenzeichen
AZV	Arbeitszeitverordnung
BAföG	Bundesausbildungsförderungsgesetz
BAG	Bundesarbeitsgericht
BB	Betriebsberater (Zeitschrift)
Bbg	Brandenburg
BfA	Bundesversicherungsanstalt für Angestellte
BFH	Bundesfinanzhof
BFHE	Entscheidungssammlung des Bundesfinanzhofs
BGB	Bürgerliches Gesetzbuch
BGBl.	Bundesgesetzblatt
BGH	Bundesgerichtshof
BRAGO	Bundesrechtsanwaltsgebührenordnung
BRAK-Mitt.	Mitteilungen der Bundesrechtsanwaltskammer
BRAO	Bundesrechtsanwaltsordnung
BSG	Bundessozialgericht
BStBl.	Bundessteuerblatt

BU	Berufsunfähigkeit
BUZ	Berufsunfähigkeitszusatzversicherung
BVA	Bundesverwaltungsamt
BVerfG	Bundesverfassungsgericht
BVerwG	Bundesverwaltungsgericht
BVerwGE	Entscheidungssammlung des Bundesverwaltungs-gerichts
BW	Baden-Württemberg
DAI	Deutsches Anwaltsinstitut
DAV	Deutscher Anwaltsverein
DB	Der Betrieb (Zeitschrift)
DGB	Deutscher Gewerkschaftsbund
d. h.	das heißt
DOS	Computerbetriebssytem
DRiG	Deutsches Richtergesetz
DtA	Deutsche Ausgleichsbank
EC	Eurocheque
EG	Europäische Gemeinschaften
e.G.	eingetragene Genossenschaft
EGH	Ehrengerichtshof
EstG	Einkommensteuergesetz
etc.	et cetera
e.V.	eingetragener Verein
EWIV	Europäische Wirtschaftliche Interessenvertretung
f., ff.	folgende, fortfolgende
FG	Finanzgericht
FGG	Gesetz über die Angelegenheiten der Freiwilligen Gerichtsbarkeit
GBl.	Gesetz- und Verordnungsblatt
GbR	Gesellschaft bürgerlichen Rechts
GG	Grundgesetz
ggf.	gegebenenfalls
GVBl.	Gesetz- und Verordnungsblatt
Hbg	Hamburg
HGB	Handelsgesetzbuch

i.V.m.	in Verbindung mit
JuS	Juristische Schulung (Zeitschrift)
KfW	Kreditanstalt für den Wiederaufbau
KO	Konkursordnung
LG	Landgericht
Ls.	Leitsatz
MHz	Megahertz
MJ	Ministerium der Justiz
m.w.N.	mit weiteren Nachweisen
MwSt	Mehrwertsteuer
n.v.	nicht veröffentlicht
NJW	Neue Juristische Wochenschrift (Zeitschrift)
NJW-CoR	Zeitschrift für Computerrecht – Beilage zur Neuen Juristischen Wochenschrift
NJW-RR	Rechtsprechungsreport zur Neuen Juristischen Wochenschrift
Nr.	Nummer
Nrn.	Nummern
NW, NRW	Nordrhein-Westfalen
NZA	Neue Zeitschrift für Arbeitsrecht (Zeitschrift)
o.a.	oder anderen
o.ä.	oder ähnliche(s)
OLG	Oberlandesgericht
OS/2	Computerbetriebssystem
OVG	Oberverwaltungsgericht
PC	Personalcomputer
PKW	Personenkraftwagen
RA	Rechtsanwältin bzw. Rechtsanwalt
RAFachAnwV	Verordnung über Fachanwaltsbezeichnungen
RAFachBezG	Gesetz über Fachanwaltsbezeichnungen nach der Bundesrechtsanwaltsordnung
RAM	Arbeitsspeicher
Rderl.	Runderlaß
ReNoPat-Verordnung	Ausbildungsverordnung für Rechtsanwalts-, Notar- und Patentanwaltsfachangestellte

Rn.	Randnummer
Rnrn.	Randnummern
S.	Seite
s.	siehe
SG	Sozialgericht
SGB	Sozialgesetzbuch
SH	Schleswig-Holstein
s.o.	siehe oben
StA	Staatsanwaltschaft
StGB	Strafgesetzbuch
StPO	Strafprozeßordnung
s.u.	siehe unten
u.a.	und andere(s)
u.a.	unter anderem
USA	Vereinigte Staaten von Amerika
UStG	Umsatzsteuergesetz
usw.	und so weiter
u.U.	unter Umständen
u.v.m.	und vieles mehr
VermBG	Gesetz zur Förderung der Vermögensbildung der Arbeitnehmer
VG	Verwaltungsgericht
VO	Verordnung
VV	Verwaltungsvorschrift
VV.a.G.	Versicherungsverein auf Gegenseitigkeit
VwGO	Verwaltungsgerichtsordnung
VwVfG	Verwaltungsverfahrensgesetz
ZAP	Zeitschrift für die anwaltliche Praxis
z.B.	Zum Beispiel
ZPO	Zivilprozeßrecht
z. T.	zum Teil
zzgl.	zuzüglich
z.Zt.	zur Zeit

I. Berufsperspektiven einer Rechtsanwältin bzw. eines Rechtsanwalts

Literatur:

- Busse, Anwalt 2000 – Gedanken zu einem Beruf im Wandel, AnwBl 1994, 482
- Hommerich, Anwaltschaft unter Expansionsdruck, Beilage zu AnwBl 1988, 12

Der größte Teil der erfolgreichen Assessorinnen und Assessoren wählt nach dem zweiten Staatsexamen den Anwaltsberuf. Mehr als **74 000 Rechtsanwältinnen und Rechtsanwälte** sind derzeit bundesweit zugelassen. Davon ist aber ein großer Teil tatsächlich in Unternehmen und Behörden festangestellt und allenfalls sporadisch freiberuflich tätig. Die Schätzungen des Anteils der nur **pro forma zugelassenen Anwältinnen und Anwälte** reichen von 30% bis 50%. Es ist nicht zu verkennen, daß mit der Niederlassung als Rechtsanwältin/Rechtsanwalt nicht immer der Wunschberuf gewählt wird. Der Arbeitsmarkt für Assessorinnen und Assessoren wird zunehmend schwieriger. Für die kommenden Jahre werden auch deswegen erhebliche **Zuwachsraten** bei den Zulassungszahlen prognostiziert. So soll bereits im ersten Jahrzehnt des nächsten Jahrtausend die Zahl der bundesweit niedergelassenen Anwältinnen und Anwälte sechsstellig werden. Die Etablierung einer wirtschaftlich gesunden Kanzlei wird dadurch gerade für Existenzgründer nicht leichter.

Neben dem Sprung in das kalte Wasser der Gründung einer selbständigen Existenz kann die Anwaltstätigkeit auch im geschützten Rahmen einer bereits bestehenden Kanzlei aufgenommen werden. Vorteilhaft kann hierbei sein, daß der Anwaltsberuf in der ersten Zeit unternehmerisch risikofrei erlernt werden kann. Die Anwaltschaft weist nicht zu Unrecht auf die erheblichen **Defizite der staatlichen Ausbildung** für den Anwaltsberuf hin. Die Juristenausbildungsreform hat hier zwar durch Veränderungen der Ausbildungspläne geringfügige Verbesserungen gebracht. Trotzdem, die Assessorinnen und Assessoren gehen in den am häufigsten gewählten Beruf nach dem zweiten Staatsexamen äußerst schlecht vorbereitet.

Illusionen sollten Sie sich über die Möglichkeiten des **Lernens in einer etablierten Praxis** aber auch nicht machen. Schließlich wird eine Einstellung als Anwältin bzw. als Anwalt nicht im Rahmen eines Ausbildungsverhältnisses vorgenommen, sondern um bisher von anderen Rechtsanwältinnen und -anwälten betreute Fälle mehr oder weniger selbständig von Ihnen bearbeiten zu lassen. Es ist allgemein bekannt, daß auch Anwältinnen und Anwälte unterschiedliche **Motive zur Einstellung einer Berufsanfängerin bzw. eines Berufsanfängers** haben. Gar nicht so selten trifft man auf die ausschließlich betriebswirtschaftlich denkenden Kolleginnen und Kollegen, die vor allem an der möglichst effektiven Verwertung der Arbeitskraft motivierter Berufseinsteigerinnen und Berufseinsteiger interessiert sind. In solchen Kanzleien ist der Grad der Selbständigkeit relativ gering, die Bezahlung niedrig, die Arbeitsbelastung hoch. In diesen Büros wird dem Berufsanfänger das fehlende Know-how nicht beigebracht, sondern im Gegenteil zumeist vorenthalten.

Tip:
Prüfen Sie vor Aufnahme einer der Vorbereitung der Selbständigkeit dienenden **Anstellung** bei einer Anwaltskanzlei gründlich und ehrlich, ob Sie eine vorherige Anstellung wirklich weiterbringt. Nützlich kann eine vorherige Anstellung sein, wenn sie dort so viel verdienen, daß Sie sich in zwei Jahren etwas Startkapital ansparen können und/oder erheblichen Lernnutzen aus der Beschäftigung ziehen. Wenn Sie dagegen bei schlechter Bezahlung nichts hinzulernen, ist eine Kombination aus Bezug von Arbeitslosenhilfe und Besuch eines Lehrgangs (Bielefelder Kompaktkurs oder Anwaltskurs an der Fernuni Hagen) die eindeutig nützlichere Variante.

Für den Fall, daß Sie sich doch zunächst für eine »**Lehre**« in einer Kanzlei entscheiden:

Meistens erfolgt die Beschäftigung im Rahmen eines **freien Mitarbeiterverhältnisses**. Viele »freie Mitarbeiter« in solchen Kanzleien sind »frei« aber weder rechtlich noch im übertragenen Wortsinne. Eine solche Tätigkeit sollte nur ausnahmsweise und auch dann nur vorübergehend erwogen werden (s. zur kritischen Position des DAV: Kilger in AnwBl. 5/92). Die Bezahlung variiert dabei zwischen Stundensätzen von 15 bis 35 DM bei **freier Mitarbeit** und 4000 bis 6000 DM Honorar brutto monatlich bei einer **Anstellung**.

In überregional oder international operierenden **Lawfirms** wird ähnlicher Arbeitseinsatz verlangt, allerdings ist die Bezahlung wenigstens zumeist angemessen (ab 90 000 DM aufwärts bereits für Berufsanfänger). Geboten wird die Chance zur Spezialisierung und bei entsprechenden Leistungen nach zwei bis fünf Jahren die Aufnahme in Briefkopf und Gesellschaft. Diese Möglichkeit steht jedoch nur Kolleginnen und Kollegen mit überdurchschnittlichen Examina und/oder ausgesprochener Spezialisierung bzw. anderweitiger Qualifizierung (Sprachen, Kontakte, Promotion u. ä) offen.

Glück hat, wer bereits während des Referendariats in verschiedene Kanzleien hineingerochen hat und die Möglichkeit einer Tätigkeit in dem Büro angeboten bekommt, in dem die Arbeit am meisten Spaß gemacht hat und außerdem in jeder Hinsicht faire Bedingungen herrschen.

Dem Glück kann selbstverständlich nachgeholfen werden, in dem eine oder mehrere solcher **Nebentätigkeiten** bereits zu Beginn des Referendariats aufgenommen werden. Die hierbei gemachten Erfahrungen nützen bei jeder Form des Berufsstarts als Anwältin bzw. Anwalt.

Vom Leben verwöhnt werden schließlich auch diejenigen, die in eine Praxis aufgenommen werden, in der die Gründerin bzw. der Gründer sich in fünf bis zehn Jahren zurückziehen will und eine Nachfolgerin bzw. einen Nachfolger sucht.

Wer sich bereits frühzeitig für die Karriere als Rechtsanwältin oder Rechtsanwalt interessiert, darf sich freuen, wenn er an den Landgerichten Köln, Hannover, Heidelberg oder Bielefeld oder in der Nähe dieser Städte ausgebildet wird. An den entsprechenden Hochschulen sind **Institute für Anwaltsrecht** eingerichtet worden. Diese veranstalten regelmäßig Vorlesungen, Vorträge oder Seminare auch zu praktischen Fragen und Existenzgründung, so daß ein Besuch der entsprechenden Veranstaltungen bereits während des Referendariats, spätestens nach dem Bestehen des zweiten Staatsexamens sehr sinnvoll sein kann.

Schlecht beraten sind diejenigen, die sich mangels anderer Alternativen oder aus Bequemlichkeit als Rechtsanwältin/Rechtsanwalt niederlassen. Der Erfolg als Anwältin/Anwalt setzt wie jeder andere Beruf auch bestimmte Eigenschaften und Fähigkeiten voraus. Wer sich nicht dazu berufen fühlt, sollte sich den Schritt in eine nicht einfache Selbständigkeit mit hohen wirtschaftlichen Risiken überlegen. Andererseits sollten sich diejenigen, die sich zum Anwaltsberuf berufen fühlen, nicht von den üblichen Warnungen bereits etablierter Kolleginnen und Kollegen abschrecken lassen. Der Anwaltsmarkt ist zwar deutlich schwieriger geworden. Engagierte und pfiffige Rechtsanwältinnen und Rechtsanwälte werden sich aber auch unter erschwerten Bedingungen durchsetzen. An guten Anwältinnen und Anwälten herrscht immer Mangel. Dabei kommt der **Examensnote** sicher nicht die herausragende Bedeutung für den beruflichen Erfolg zu.

Entscheidend ist eher, ob soziale Kompetenz, Kreativität, Interesse am Anwaltsberuf und Fortbildungsbereitschaft vorhanden ist. Wenn Sie sich zum Anwaltsberuf berufen fühlen und sich selbständig machen wollen: Tun Sie's. Den Autoren sind zahlreiche unmittelbar nach dem Examen umgesetzte *erfolgreiche* Existenzgründungen als Einzelanwalt, in einer Bürogemeinschaft und als Sozietät bekannt.

Noch ein Wort zu den **neuen Bundesländern**: Auf Seminaren haben die Autoren viele Rechtsanwälte aus den neuen Bundesländern kennengelernt, die hochzufrieden mit Beruf und Situation waren. Bei vielen in den alten Bundesländern ausgebildeten Juristinnen und Juristen bestehen dagegen immer noch Vorbehalte gegen eine Beschäftigung in den jungen Bundesländern. Wer der Auffassung ist, in den neuen Bundesländern sei alles grau, sollte sich z. B. die Erfurter Innenstadt ansehen, die sich wahrlich nicht zu verstecken braucht. Die Vorbehalte sind größtenteils auf hartnäckige Vorurteile über die Lebensumstände zurückzuführen. Sprechen Sie vorurteilsfrei mit Kolleginnen und Kollegen, die in den neuen Bundesländern tätig waren oder sind. Es sollte bei der Entscheidung für einen **Niederlassungsort** nicht völlig vergessen werden, daß im Westen eine Anwältin bzw. ein Anwalt auf 1000 Einwohner kommt, während im Osten Deutschlands nach einem Bericht der Bundesrechtsanwaltskammer aus 1994 eine Anwältin bzw. ein Anwalt auf 3300 Einwohner kommt. Dabei ist die **Anwaltsdichte** in den Großstädten aber fast auf dem Niveau der alten Bundesländer.

Zum Kennenlernen der neuen Bundesländer bietet sich eine Beschäftigung im Rahmen der sogenannten **Ämter für offene Vermögensfragen** an, die wohl über den ursprünglich vorgesehenen Zeitpunkt hinaus fortgeführt werden müssen, da die meisten Verfahren noch nicht einmal das gerichtliche Stadium erreicht haben und insoweit mit weiterem Bedarf zu rechnen ist. Die Tätigkeit ist als freie Mitarbeit unter Beibehaltung des Status eines Rechtsanwalts in den jeweiligen Landkreisen ausgestaltet. Die Dotierung ist verhältnismäßig großzügig (um 10 000 DM inkl. aller Aufwandsentschädigungen). Auskünfte hierzu erteilt das Bundesjustizministerium.

Anschrift:

Bundesministerium der Justiz
Postfach 5 31 33
Heinemannstr. 6
53175 Bonn
Telefon (02 28) 58–0
Telefax (02 28) 58–45 25

II. Vorüberlegungen zur Existenzgründung

Bevor Sie sich selbständig machen, müssen Sie Klarheit über eine Vielzahl von Fragen gewinnen, die über Erfolg oder Mißerfolg Ihrer Kanzlei entscheiden.

- Kanzleiform
- Standortwahl
- Konkurrenzsituation am Standort
- Fachliche Ausrichtung der Kanzlei
- Investitionskosten
- Monatliche Betriebskosten
- Einnahmeerwartungen
- Finanzierung des Lebensunterhaltes
- Finanzierung der Sachmittel
- Planung des Aufbaus eines Mandantenstamms

Die folgenden Kapitel sollen Ihnen bei der Planung der einzelnen Punkte helfen. Durchdenken Sie alle Fragen bereits im Planungsstadium, um unliebsame Überraschungen zu vermeiden. Marschieren Sie nicht einfach aufs Geratewohl drauflos.

III. Die Zulassung zur Anwaltschaft

Nach dem Bestehen des zweiten Staatsexamens dürfen Sie sich Assessorin bzw. Assessor nennen. Im Idealfall steht die Verwandschaft und Bekanntschaft bereits Schlange, um Sie mit Mandaten zu betrauen. Leider können Sie mit der Bearbeitung der Mandate nicht sogleich loslegen.

Bevor Sie die Tätigkeit als Rechtsanwältin oder -anwalt aufnehmen können, ist zunächst die **Zulassung zur Anwaltschaft** zu beantragen (in Nordrhein-Westfalen beim OLG des Niederlassungsbezirks). In den alten Bundesländern können Sie die Zulassung bei jeweils einem Amts- und dem entsprechenden bezirklich zuständigen Landgericht beantragen (§ 23 BRAO). Die Kolleginnen und Kollegen in den neuen Bundesländern sind dagegen an allen Landgerichten postulationsfähig. Sofern Sie in den alten Bundesländern zugelassen werden, benötigen Sie also jemanden, der für Sie als Verkehrsanwalt auftritt, wenn Sie ein Verfahren an einem anderen Landgericht anhängig gemacht haben.

Formulare für den Antrag auf Zulassung zur Anwaltschaft können bei dem Oberlandesgericht angefordert werden, in dessen Bezirk Sie sich niederlassen wollen. Die **Gebühr** für den Antrag beträgt z.Zt. gemäß § 192 BRAO 120 DM. Die Zulassung nimmt (so am OLG Köln) erfahrungsgemäß ca. vier bis sechs, neuerdings auch bis zu zehn Wochen in Anspruch, da auch der **Rechtsanwaltskammer** rechtliches Gehör gewährt wird (§ 19 Abs. 2 BRAO).

Tip:
Je länger die Zeit vom Antrag bis zur Eintragung in die Rechtsanwaltsliste an ihrem Amtsgericht dauert, um so später können Sie mit Ihrer Anwaltstätigkeit beginnen. Erkundigen Sie sich vorher bei dem OLG, wie lange der Antrag zur Zeit dauert. Wird diese Zeit überschritten, erkundigen Sie sich telefonisch beim OLG und bei der Rechtsanwaltskammer, wo der Antrag »liegt«, und bitten Sie bei der verantwortlichen

Stelle höflich um eine zügige Bearbeitung. Als hilfreich erweist sich immer eine gut begründete Bitte um zügigere Bearbeitung.

Sie selbst können auch zur möglichst schnellen Zulassung beitragen: Stellen Sie bereits am Tage nach der **mündlichen Prüfung** den Antrag auf Zulassung zur Anwaltschaft und nutzen Sie die Zeit bis zur Vereidigung zur **Planung der Existenzgründung**. Der Antrag auf Zulassung beeinträchtigt auch den **Anspruch auf den Bezug von Arbeitslosengeld** oder -hilfe nicht, sofern Sie der Arbeitsvermittlung jedenfalls prinzipiell zur Verfügung stehen.

Dem **Antrag** sind Kopien des Examenszeugnisses und Lichtbilder beizufügen. Sie können dem Antrag zur Beschleunigung bereits den Nachweis über den Abschluß einer **Berufshaftpflichtversicherung** beifügen. Diese müssen Sie jedenfalls vor der Aushändigung der Urkunde durch das Landgericht nachweisen. Es reicht aber auch eine vorläufige Deckungszusage für den Abschluß einer Berufshaftpflichtversicherung aus.

Erforderlich sind nach § 31 BRAO auch **Angaben zu Wohnsitz** (nur noch als Anzeigepflicht) und zur **Einrichtung einer Kanzlei**. Zu den Mindestanforderungen an die Einrichtung einer Kanzlei gehört ein auf die Praxis hinweisendes Kanzleischild und ein üblicher Telefonanschluß mit entsprechender Eintragung im Telefonverzeichnis (BVerfGE 72, 26). Damit Sie zunächst auch ohne ganztägig anwesendes Personal erreichbar sind, genügt die Einrichtung eines Anrufbeantworters, der regelmäßig abgehört wird. Dabei ist zu beachten, daß auch die Einrichtung einer **Kanzlei in der Wohnung** zulässig ist, sofern das dort eingerichtete Büro den Mindestanforderungen genügt. Die meisten tragen daher auch entsprechende Angaben in den Erhebungsbogen ein, sofern die endgültigen Praxisräume nicht bereits angemietet sind. Die Kanzlei muß innerhalb des Gerichtsbezirkes eingerichtet werden, an dem das Zulassungsgericht seinen Sitz hat.

Auf den Zulassungsantrag erhalten Sie eine Benachrichtigung durch das für Sie zuständige Landgericht, daß Sie durch die Landesjustizverwaltung zur Anwaltschaft zugelassen wurden und sich zur **Aushändigung der Zulassungsurkunde** und **Vereidigung** im Landgericht einfinden sollen. Spätestens jetzt müssen Sie eine vorläufige Deckungszusage oder den Abschluß einer Berufshaftpflichtversicherung nachweisen (§§ 12 Abs. 2 Satz 1, 51 BRAO). Mit der Aushändigung der **Zulassungsurkunde** werden Sie »Rechtsanwältin« bzw. »Rechtsanwalt« und dürfen diese Bezeichnung auch führen (§ 12 Abs. 3 BRAO). Sie dürfen die Berufstätigkeit aber immer noch nicht ausüben. An die Aushändigung der Urkunde durch einen Richter schließt sich die **Vereidigung** vor einer Kammer desjenigen Landgerichts an, bei dem Sie zugelassen sind. Inzwischen werden wegen der steigenden Zulassungszahlen ein Dutzend Rechtsanwältinnen und Rechtsanwälte gleichzeitig vereidigt.

Nach der Vereidigung und Aushändigung der Zulassungsurkunde erhalten Sie automatisch von dem für Ihren Kanzleisitz zuständigen Amtsgericht die Benachrichtigung, daß Sie in die **Rechtsanwaltsliste beim Amtsgericht** eingetragen wurden (§ 31 BRAO). Diese Eintragung

Ergänzende Literaturtips zur Existenzgründung als Anwältin bzw. Anwalt

Autor(en)	**Titel**	**Buchart**	**Verlag**	**Preis**	**Kurzkommentar**
Verschiedene	Praktische Hinweise für junge Anwälte	Ratgeber	Deutscher Anwalt Verein	5 DM	Ratgeber für Junganwälte
Verschiedene	Die moderne Anwaltskanzlei	Handbuch	Deutscher Anwaltverlag	120 DM	Kompendium zur Gründung, Einrichtung und rationellen Organisation einer Anwaltskanzlei
Wolff	Erfolg im Anwaltsberuf	Ratgeber	Deutscher Anwaltverlag	68 DM	Gründung und effiziente Führung einer Anwaltskanzlei

in die Rechtsanwaltsliste geschah in meinem Falle etwa einen Monat nach der Vereidigung. Erst nach dieser Eintragung dürfen Sie sich anwaltlich betätigen (§ 32 Abs. 1 BRAO). Sofern Sie bereits vor der Eintragung anwaltlichen Tätigkeiten nachgehen, bleiben diese zwar wirksam, Sie können allerdings berufsrechtlich zur Verantwortung gezogen werden.

Sind diese Hürden alle genommen (Dauer ca. 3 Monate), könnte es eigentlich losgehen mit der Praxis. Die Gründung will jedoch in jeder Hinsicht gut geplant sein.

IV. Die Finanzierung des Lebensunterhalts während der Existenzgründung

Mit bestandenem zweiten Staatsexamen, also am Tag der mündlichen Prüfung, werden Sie aus dem Vorbereitungsdienst entlassen. Hiermit ist in der Regel der abrupte Fall aus einem öffentlich-rechtlichen Beschäftigungsverhältnis in die **Arbeitslosigkeit** verbunden. Eine zumindest vorübergehende Arbeitslosigkeit wird angesichts der zunehmenden Absolventenzahlen in Zukunft eher wahrscheinlicher. Wer hat schon im Rahmen des verkürzten Vorbereitungsdienstes Zeit (zudem in der Examensphase) für die systematische Vorbereitung einer selbständigen Existenz? Lediglich diejenigen, die sich für einen nahtlosen (urlaubsfreien) Übergang in die folgende Berufstätigkeit entschlossen haben und entsprechend erfolgreiche Bewerbungen hinter sich haben, bleiben von zumindest zeitweiliger Arbeitslosigkeit verschont. Deswegen stehen die nachfolgenden Hinweise am Anfang dieses Ratgebers.

Die Finanzierung der sachlichen Ausstattung der Kanzlei läßt sich durch Inanspruchnahme von Geschäftskrediten oder Kreditmitteln aus den staatlichen Förderprogrammen bewerkstelligen. Miete, anfängliche Personalkosten und der Verbrauch an Büromaterialien und Nebenkosten wie Telefongebühren und Porto können in der Regel bereits aus den Einnahmen bestritten werden. Problematisch ist zumeist der **Lebensunterhalt des Existenzgründers**.

Die meisten Existenzgründungen in der Wirtschaft scheitern, weil die Gründer die **Finanzierung** des persönlichen Lebensunterhalts während der ersten Jahre nicht sichergestellt haben. Hierbei gibt es viele individuelle Lösungsmöglichkeiten (z. B. Eingehen einer Ehe mit Menschen mit gesicherten Einkünften wie Richterinnen und Richtern oder Lehrerinnen und Lehrern, Lottogewinn und reiche Heirat sind gern genannte Ratschläge).

Wem all dies nicht gelungen ist, dem sei ans Herz gelegt, die Minimalunterstützung, die ihm der Staat gewährt, nicht unnötig zu verschenken.

1. Der vorübergehende Bezug von Arbeitslosengeld oder Arbeitslosenhilfe

Viele Kolleginnen und Kollegen nehmen nach dem bestandenen zweiten Staatsexamen keine **Leistungen des Arbeitsamts** in Anspruch. Dabei werden bis zu fünfstellige Beträge verschenkt, die den Start in die Selbständigkeit als Rechtsanwältin oder Rechtsanwalt erheblich erleichtern können. Es ist daher dringend anzuraten, sich unmittelbar nach der Prüfung arbeitslos zu melden. Dies ist z. B. für die **Krankenversicherung** von Bedeutung, da anderenfalls eine Lücke in der Versicherung auftritt. Ab dem Tag des Bestehens des Examens (Verkündung in der mündlichen Prüfung) scheiden Sie aus dem Beamtenverhältnis und damit aus der Beihilfe aus. Mit dem Zeitpunkt der Antragstellung übernimmt das Arbeitsamt die Krankenversicherung. Gleiches gilt prinzipiell auch für die **Rentenversicherung**. Die Meldung muß persönlich vorgenommen werden, § 105 AFG.

Tip:
Ausreichend ist die formlose Stellung des Antrags (auch bei späterer Beibringung der Antragsunterlagen).

Gerade im ersten Jahr der Selbständigkeit werden kaum Einnahmen erzielt. Dies hängt einerseits damit zusammen, daß viele Honorare erst nach Abschluß der Angelegenheit eingenommen werden und dies eine gewisse Zeit in Anspruch nimmt. Andererseits dauert es selbst im Freundes- und Bekanntenkreis einige Zeit, bis potentielle Mandanten realisiert haben, daß Sie ja inzwischen Anwältin bzw. Anwalt sind. Sie sollten daher unbedingt – und zwar ohne ein schlechtes Gewissen – die Ihnen nach dem Ausscheiden aus dem Beamtenverhältnis zustehenden Leistungen der Arbeitslosenversicherung in Anspruch nehmen.

Im Regelfall erhalten Juristinnen und Juristen, die nach dem Vorbereitungsdienst vorübergehend arbeitslos sind, lediglich **Arbeitslosenhilfe**. Dies gilt jedenfalls grundsätzlich für die verbeamteten Rechtsreferendarinnen und Rechtsreferendare. Auch in dieser Gruppe kann man aber unter bestimmten Voraussetzungen einen Anspruch auf **Arbeitslosengeld** erwerben, nämlich, wenn man in der der Arbeitslosigkeit vorangehenden Rahmenfrist von drei Jahren 360 Tage (s. § 104 AFG) beitragspflichtig gearbeitet hat. Ein solcher Fall ist nur denkbar, wenn Sie vor dem Referendariat eine mindestens einjährige versicherungspflichtige Beschäftigung ausgeübt haben, an die sich das Referendariat nahtlos anschloß. Die Erfüllung der Voraussetzungen des § 104 AFG wird Ihnen aber auch angesichts der Verkürzung der Juristenausbildung kaum gelingen, da das Referendariat alleine bereits etwas mehr als zwei Jahre in Anspruch nimmt.

Tip:
Allerdings besteht eine andere Möglichkeit, das gegenüber der Arbeitslosenhilfe **deutlich höhere Arbeitslosengeld** nach dem Vorbereitungsdienst zu erhalten. Wenn Sie meinen im Bund-Verlag erschienenen Ratgeber »Das erfolgreiche Rechtsreferendariat« rechtzeitig, also vor dem Referendariat gelesen haben, könnten Sie die nächsten Zeilen gelangweilt überspringen. Außerdem würden Sie in diesem Fall auch ein in der Höhe auskömmliches Arbeitslosengeld beziehen, wenn Sie meinen Rat befolgt haben:

Beispiel:
Sie haben nach dem ersten Staatsexamen eine auf zwölf Monate befristete Stelle beim Bundesverwaltungsamt angenommen. Zwei Monate nach Ablauf der Befristung sollen Sie beim Oberlandesgericht Köln, Stammdienststelle Landgericht Köln, eingestellt werden. In den zwei Monaten der Wartezeit beziehen Sie Arbeitslosengeld. Nach dem zweiten Staatsexamen sind Sie zunächst arbeitslos.

Sie haben nach § 104 AFG für die Zeit der Arbeitslosigkeit nach der befristeten Tätigkeit einen Anspruch auf den Bezug von Arbeitslosengeld erworben, da sie 360 Tage in einer der Beitragspflicht unterliegenden Beschäftigung gestanden haben. Die Dauer dieses Anspruchs (Zeitraum, in dem Sie Arbeitslosengeld erhalten) beträgt 156 Tage (sechs Monate). Sie nehmen den Anspruch wie im Beispiel aber nur zwei Monate in Anspruch. Um diese Zeit mindert sich die Dauer des

Anspruchs auf Arbeitslosengeld (§ 110 Satz 1 Nr. 1 AFG). Der einmal erworbene Anspruch auf Arbeitslosengeld ist aber nicht erloschen, sondern besteht fort, und zwar auch während des Referendariats. Der Anspruch auf Arbeitslosengeld kann nur dann nicht mehr geltend gemacht werden, wenn nach seiner Entstehung vier Jahre verstrichen sind (§ 125 Abs. 2 AFG). Da die Ausbildung nach der Juristenausbildungsreform nur noch ca. 26 Monate dauert, besteht der Anspruch auf Arbeitslosengeld also für den Fall einer erneuten Arbeitslosigkeit für weitere vier Monate. Erst danach kommt nur noch die niedrigere Arbeitslosenhilfe in Betracht.

Das Arbeitslosengeld und die Arbeitslosenhilfe bemessen sich - ein weiterer Vorteil - in diesem Fall nicht nach den Anwärterbezügen, sondern nach der Vergütung während der letzten sechs Monate Ihrer - in unserem Beispiel befristeten - Anstellung vor dem Beginn des Referendariats. Die Vergütung dürfte in jedem Fall deutlich höher sein als die Anwärterbezüge während des Referendariats. Vorteil dieser Regelung ist zum einen der Bezug von Arbeitslosengeld (67% bzw. 60%) anstelle von Arbeitslosenhilfe (57% bzw. 53%), zum anderen die bessere Bemessungsgrundlage (Angestelltengehalt nach BAT) anstelle der kärglichen Anwärterbezüge.

Während beim Bezug von Arbeitslosenhilfe auch Einkünfte von **nichtehelichen Lebensgefährtinnen und Lebensgefährten** wegen des Subsidiaritätscharakters der Arbeitslosenhilfe angerechnet werden, haben Sie ähnliche Belastungen zwischenmenschlicher Beziehungen beim Bezug von Arbeitslosengeld wegen des Versicherungscharakters nicht zu befürchten. Auch kommt es nicht zu Nachforschungen über vorhandenes und anzurechnendes **Vermögen**.

Wenn Sie als Referendarin bzw. als Referendar verbeamtet sind und nicht das Glück einer rechtzeitig vor dem Vorbereitungsdienst endenden beitragspflichtigen Beschäftigung mit einer Dauer von 360 Tagen wie in unserem Beispiel hatten, erhalten Sie lediglich Arbeitslosenhilfe (momentan ca. 180 DM wöchentlich bei Ledigen).

Die Herausnahme der verbeamteten Rechtsreferendarinnen und Rechtsreferendare aus dem **Schutz der Arbeitslosenversicherung** ist vom Bundessozialgericht (Urteil vom 16. 10. 1990 - 11 RAr 103/89,

NJW 1991, 1130) für **verfassungsgemäß** angesehen worden. Unter Bezugnahme auf eine Entscheidung des Bundesverfassungsgerichts aus dem Jahre 1979 (SozR 4100 § 169 Nr. 4) hat das Bundessozialgericht ausgeführt, daß ein sachgerechter Differenzierungsgrund schon darin zu sehen sei, daß Referendarinnen und Referendare im Gegensatz zu anderen Auszubildenden nach ihrer Ausbildung zu einem erheblichen Teil der Arbeitslosenversicherung nicht angehören werden, weil sie entweder als Beamtinnen und Beamte versicherungsfrei sein werden oder in ihrer großen Mehrzahl als Rechtsanwältinnen und Rechtsanwälte oder höherverdienende Angestellte der Pflichtversicherung nicht unterliegen. Das Bundessozialgericht hat aber auch darauf hingewiesen, daß für den Gesetzgeber verschiedene Möglichkeiten bestehen, auch die verbeamteten Rechtsreferendarinnen und Rechtsreferendare bei Arbeitslosigkeit besser zu schützen. Unabhängig von der berechtigten Kritik an der rechtlichen Sichtweise der Rechtsprechung sind die Interessenvertretungen der Rechtsreferendarinnen und Rechtsreferendare, insbesondere die Bundessprecherkonferenz, aufgerufen, die Rechtsstellung ihrer Kolleginnen und Kollegen durch politische Verhandlungen zu verbessern.

Es tut sich bereits etwas: In Mecklenburg-Vorpommern etwa können Rechtsreferendarinnen und Rechtsreferendare bei der Einstellung wählen, ob sie verbeamtet werden oder im Rahmen eines versicherungspflichtigen Angestelltenverhältnisses ausgebildet werden wollen (§ 21 Abs. 2 JAG-MV). Im letzteren Falle erhielten Sie bei Arbeitslosigkeit nach Beendigung der Ausbildung das höhere Arbeitslosengeld, während sich die verbeamteten Kolleginnen und Kollegen mit Arbeitslosenhilfe begnügen müssen.

Die **Höhe der Arbeitslosenhilfe** bemißt sich derzeit noch nach der Höhe der Referendarbezüge. Ob dies auch in Zukunft so bleiben wird, ist fraglich, da das System der Arbeitslosenhilfe umgestellt werden soll. Nach den Plänen des Bundesarbeitsministeriums soll künftig als Bemessungsgrundlage nicht mehr die vorher erhaltene Vergütung, sondern der »Marktwert« herangezogen werden. Bei einer solchen unwürdigen Regelung ist der Streit vor den Gerichten vorprogrammiert.

Jene Kolleginnen und Kollegen, die das im Hinblick auf die Nettovergütung nicht ganz ungeteilte Vergnügen einer versicherungspflichtigen Beschäftigung in einem **»öffentlich-rechtlichen Ausbildungsverhältnis«** hatten, dürfen sich im Falle der Arbeitslosigkeit ausnahmsweise einmal freuen. Sie erhalten zumindest ein Jahr lang das höhere **Arbeitslosengeld** (§ 106 Abs. 1 AFG, Beschäftigungszeit 720 Kalendertage = Anspruchsdauer 312 Werktage). Bemessungsgrundlage sind die Anwärterbezüge.

Während des Bezuges von Lohnersatzleistungen nach dem AFG ist man automatisch gesetzlich krankenversichert. Dies gilt auch, wenn während des Referendariats eine private **Krankenversicherung** bestand. In der Regel wird man bei der gesetzlichen Krankenkasse angemeldet, bei der man zuletzt, also vor dem Referendariat, versichert war. Da seit dem 1. 1. 1996 (für alle spätestens 1. 1. 1997) aber freie **Kassenwahl** gilt, können Sie sich frei entscheiden, bei welcher Krankenversicherung Sie zukünftig versichert sein möchten.

Daneben erhält man unter bestimmten Voraussetzungen Reisekosten und Bewerbungskosten ersetzt. Bewerbungskosten (Papier, Porto, Fotos etc.) werden unter Vorlage der Originalquittungen bis zu einer Höhe von 200 DM pro Halbjahr erstattet. Voraussetzung ist, wie immer, wenn man vom Fiskus Geld haben möchte, ein entsprechender Antrag bereits zu Beginn der Arbeitslosigkeit. Nette Sachbearbeiterinnen und Sachbearbeiter weisen aber auch darauf hin.

Problematisch wird im Falle des Bezugs von Arbeitslosenhilfe das **Zusammenleben in einer nichtehelichen Lebensgemeinschaft**. Auch wenn zivilrechtlich keine Unterhaltsansprüche gegeneinander bestehen (BGH, NJW 1980, 124), wird im Rahmen der **Bedürftigkeitsprüfung** nach § 137 Abs. 2 AFG regelmäßig eine Wirtschaftsgemeinschaft vermutet. Folge hiervon ist, daß das Einkommen der Partnerin oder des Partners angerechnet und möglicherweise deswegen die Bedürftigkeit verneint wird. Mit dieser Konsequenz der Entscheidung des Bundesverfassungsgerichts (BVerfG, NJW 1993, 643) sollte man sich vor Antragstellung auseinandergesetzt haben, um unliebsame Überraschungen zu vermeiden. Die Praxis der Arbeitsämter ist bedenklich und wird heutigen Lebensformen leider nicht gerecht. Es mag nichteheliche Lebensgemeinschaften geben, in denen gemeinsam gewirtschaftet wird. Nicht selten ist Zweck dieser eigenständigen Form des Zusammenlebens aber auch gerade das Bestreben, Bindungen – auch wirtschaftlicher Art – zu vermeiden.

Achtung:
Das Arbeitsamt ist natürlich daran interessiert, eine frühzeitige Aussteuerung aus der Arbeitslosenversicherung zu erreichen und wird entsprechend auf eine frühe Aufnahme der Selbständigkeit drängen, wenn dieses Stichwort im Gespräch mit dem Fachberater erst einmal gefallen ist. Lassen Sie sich davon nicht unter Druck setzen: Eine selbständige Existenz wird erst bei einer wöchentlichen Arbeitszeit von mehr als 18 Stunden für das Arbeitslosengeld bzw. die Arbeitslosenhilfe relevant, da dann keine »Arbeitslosigkeit« mehr vorliegt (vgl. § 101, 102 AFG). Die Zulassung zur Anwaltschaft berührt daher die Berechtigung zum Bezug von Lohnersatzleistungen nicht. Aber selbst wenn Sie bereits erste Mandate bearbeiten, kommen Sie nicht so schnell auf die entscheidende Stundenzahl. Sie können also während der Arbeitslosigkeit die in diesem Ratgeber angesprochenen Vorbereitungen treffen und sogar bereits erste Mandate bearbeiten, ohne daß dies den Arbeitslosenstatus berühren würde. Kritisch wird es erst, wenn die selbständige Nebentätigkeit mehr als 18 Wochenstunden ausmacht. Unabhängig von der geplanten Existenzgründung müssen Sie natürlich **der Arbeitsvermittlung zur Verfügung stehen**. Dies ist dann der Fall, wenn die geplante Selbständigkeit als Anwältin bzw. Anwalt während der Arbeitslosigkeit rein vorsorglich als eine Variante neben der abhängigen Beschäftigung vorbereitet wird. Unschädlich ist, wenn Sie zwar für einen späteren Zeitpunkt an eine selbständige Existenz denken, jetzt aber zunächst eine angestellte Tätigkeit anstreben und daher der Arbeitsvermittlung zur Verfügung stehen. Um keine Mißverständnisse aufkommen zu lassen: Selbst wenn Sie bei ersten Arbeitsangeboten des Arbeitsamtes (vielleicht weil die Angebote dermaßen schlecht sind oder weil Sie sich nunmehr doch für den sofortigen Schritt in die Selbständigkeit entschieden haben) mitteilen, nunmehr Überbrückungsgeld beantragen zu wollen,

beeinträchtigt dies die Berechtigung zum Bezug von Arbeitslosengelt oder Arbeitslosenhilfe für die Vergangenheit nicht.

Unter Umständen müssen Sie sich allerdings die während der Arbeitslosigkeit bereits erzielten **Einkünfte aus Mandaten** auf die Arbeitslosenhilfe anrechnen lassen. In der Regel werden die Anwaltsgebühren aber erst zu einem späteren Zeitpunkt fällig, so daß es nicht zu einer Kollision mit dem Arbeitsförderungsrecht kommt. Das Überbrückungsgeld dagegen wird unabhängig von den daneben bezogenen Einkünften aus der Kanzlei gewährt.

Fazit:
Unter den beschriebenen Voraussetzungen kann der Zeitraum einer Arbeitslosigkeit nach dem zweiten Staatsexamen unter Inanspruchnahme von Leistungen der Arbeitsverwaltung dazu genutzt werden, die notwendigen Vorbereitungen für die Aufnahme einer selbständigen Existenz als Rechtsanwältin bzw. Rechtsanwalt aufzunehmen.

2. Der Bezug von Überbrückungsgeld

Der Start in die Selbständigkeit kann durch den Bezug von sogenanntem Überbrückungsgeld nach § 55 a AFG bedeutend erleichtert werden. Durch das Überbrückungsgeld soll die Aufnahme einer selbständigen Tätigkeit durch Arbeitslose gefördert werden. Es dient dem Bestreiten des täglichen Lebensunterhalts. Die näheren Einzelheiten zu den Voraussetzungen des Bezugs sind in der **Anordnung zur Förderung der Arbeitsaufnahme** (AO FdA) enthalten, die in den einschlägigen Loseblattwerken zum Arbeitsförderungsgesetz nachgelesen werden können.

Voraussetzung für den Bezug von Überbrückungsgeld ist (zum Stand der Bearbeitung):

- Arbeitslosigkeit
- Bezug von Arbeitslosengeld oder Arbeitslosenhilfe für mindestens vier Wochen vor Aufnahme der selbständigen Tätigkeit

- Aufnahme einer selbständigen Tätigkeit mit einer wöchentlichen Arbeitszeit von mindestens 18 Stunden
- Vorlage einer (positiven) Stellungnahme einer fachkundigen Stelle (in Ihrem Falle Rechtsanwaltskammer) über die Tragfähigkeit der Existenzgründung

Liegen die genannten Voraussetzungen vor, so erhalten Sie über einen Zeitraum von **26 Wochen** (1/2 Jahr) Überbrückungsgeld. Als Überbrückungsgeld wird ein Betrag gezahlt, der dem zuletzt bezogenen Arbeitslosengeld bzw. der Arbeitslosenhilfe entspricht. Auf **Antrag** zahlt das Arbeitsamt darüber hinaus einen **Zuschuß für Altersversorgung** (Rentenbeiträge) und **Krankenvorsorge** (Krankenkassenbeiträge). Dieser Zuschuß entspricht in der Höhe den Beiträgen, die das Arbeitsamt während des Bezuges von Arbeitslosengeld oder Arbeitslosenhilfe an die Kranken- und Rentenversicherung entrichtet hat. Der Zuschuß reicht naturgemäß nicht aus, um die entsprechenden Beiträge als Rechtsanwalt vollständig abzudekken, stellt aber immerhin eine willkommene Erleichterung dar. Mit diesem Zuschuß beträgt das Überbrückungsgeld monatlich etwas über 1000 DM. Die Aufnahme einer selbständigen Existenz als Anwältin bzw. Anwalt wird daher mit über 6100 DM vom Arbeitsamt gefördert. Wer sich, aus welchen Gründen auch immer, vor der Aufnahme einer Tätigkeit als selbständige Anwältin bzw. als selbständiger Anwalt nicht arbeitslos meldet, verschenkt bares Geld. Betont werden muß hier, daß ein entsprechender Anspruch besteht, auch ohne daß bisher Beiträge zur Arbeitslosenversicherung geleistet wurden. Selbst moralisch besteht kein Anlaß zu Kopfschmerzen: Schließlich haben es nicht die Referendarinnen und Referendare zu verantworten, daß die Ableistung des Referendariats in aller Regel nur im nicht versicherungspflichtigen Beamtenverhältnis möglich ist (von Ausnahmen abgesehen, vgl. Mecklenburg-Vorpommern). Das Überbrückungsgeld wird im übrigen monatlich im voraus gezahlt.

Tip:

Die Stellungnahme der Rechtsanwaltskammer erhalten Sie auf einem Formular der Arbeitsverwaltung. Praktisch ist es, wenn gleichzeitig bereits die Stellungnahme der Rechtsanwaltskammer zur Beantragung von Mitteln der Deutschen Ausgleichsbank oder der Kreditanstalt für den Wiederaufbau vorliegt, da die Kammer in diesem Fall regelmäßig bereits präzise über die Existenzgründung informiert ist. Weisen Sie dann auf die ausführliche vorhergehende Stellungnahme hin.

V. Die Finanzierung der Sachinvestitionen

1. Existenzgründungskredite

Auf die Sicherung des Lebensunterhalts während der Existenzgründung durch den Bezug von Arbeitslosengeld/Arbeitslosenhilfe und Überbrückungsgeld bin ich bereits eingegangen. Allerdings setzt eine Existenzgründung auch die Fähigkeit zur Beschaffung der notwendigen **Sachmittel** für die Berufsausübung voraus.

Wenn Ihnen eine Existenzgründung »sponsored by Oma« versagt ist, Sie auch nicht als »Vaters Sohn« oder »Vaters Tochter« groß wurden, müssen Sie sich das **Kapital zur Existenzgründung** auf dem Geschäftsmarkt besorgen. Daß hier knallhart kalkuliert und nichts verschenkt wird, merken Sie recht schnell. Sie werden sich wundern, wie wenig risikobereit Banken sind, wenn es darum geht, selbständige Existenzen zu fördern. In aller Regel werden Sicherheiten verlangt, die, wenn Sie sie denn hätten, eine Kreditaufnahme entbehrlich machen würden (z. B. Immobilarsicherheiten). Ausnahmen (z. B. die Kreissparkasse Köln mit einem Wagniskapitalprogramm, vgl. den Zeitungsartikel im Kölner Stadtanzeiger vom 28. 3. 1996) bestätigen diese Regel. Die vornehme Zurückhaltung gegenüber Existenzgründern üben Banker dabei nicht nur, wenn Sie das tausendste Sonnenstudio in einer Kleinstadt eröffnen wollen, sondern auch gegenüber der geplanten Eröffnung einer Kanzlei als 40. Anwältin bzw. Anwalt in einer Kleinstadt.

Relativ unproblematisch (wenn Sie eine gute Hausbank haben) und verhältnismäßig günstig sind dagegen die **staatlichen Kreditmittel** zur Förderung selbständiger Existenzen zu bekommen.

Die wichtigsten **Existenzgründungsprogramme** werden von der **Deutschen Ausgleichsbank** in Bonn und der **Kreditanstalt für den Wiederaufbau** in Frankfurt aufgelegt.

Tip:
Schreiben Sie diese bereits frühzeitig an. Sie erhalten von dort Merkblätter bzw. ein Programmheft und erfahren die aktuellen Zinskonditionen.

In diesem Ratgeber sind die speziellen, nur für die neuen Bundesländer geltenden Programme nicht ausführlich erläutert. Für diese Programme gilt jedoch das Gesagte weitgehend entsprechend. Die Konditionen sind teilweise günstiger. Näheres können Sie den jeweils aktualisierten Unterlagen der Deutschen Ausgleichsbank und der Kreditanstalt für den Wiederaufbau entnehmen.

2. Das Mittelstandsprogramm der Kreditanstalt für den Wiederaufbau (KfW)

Das Programm dient der langfristigen Finanzierung von Investitionen zu einem günstigen und festen Zinssatz. Für Investitionen in den jungen Bundesländern bestehen spezielle Sonderkonditionen.

Finanziert werden der Erwerb von Grundstücken und Gebäuden, Umbauinvestitionen, die Betriebs- und Geschäftsausstattung. Bei Freiberuflern werden bis zu 75 % des Investitionsbetrages mitfinanziert, der Rest muß aus Eigenmitteln bzw. aus anderen Förderprogrammen (z. B. der Deutschen Ausgleichsbank) finanziert werden. Falls Sie sich eine etwas größere und schönere Existenzgründung (»Man gründet schließlich nur einmal!«) vorgestellt haben: Maximal können 10 Millionen DM kreditiert werden.

Zinssatz	alte Bundesländer	neue Bundesländer
Zinssatz normal	6,50 % (effektiv 7,53 %)	6,25 % (effektiv 7,26 %)
Zinssatz bei ⅔ Grunderwerb bzw. Baukosten	6,75 % (effektiv 7,60 %)	6,50 % (effektiv 7,33 %)

Der Kredit läuft bis zu zehn Jahren und ist in den ersten beiden Jahren tilgungsfrei, d. h. Sie müssen am Anfang lediglich mit der Zinsrückzahlung beginnen. Sofern 2/3 des Kredits zur Finanzierung eines Grunderwerbs bzw. für Baukosten verwendet werden, kann eine **Laufzeit** bis zu 20 Jahren mit drei tilgungsfreien Jahren zu Beginn der Rückzahlung beantragt werden. Wundern Sie sich aber nicht: Die **Auszahlung** erfolgt nur zu 96 %.

Die **Tilgung** erfolgt in gleichbleibenden halbjährlichen Raten.

Die **Sicherung** der Kredite wird über bankübliche Sicherheiten vorgenommen (Grundschulden, Sicherungsübereignung), unter Umständen auch über eine Bürgschaftsbank, wenn andere Sicherheiten nicht zur Verfügung stehen. Sie müssen auch damit rechnen, daß Ihre Bank verlangt, daß der Vermieter auf sein **Vermieterpfandrecht** verzichtet. Eine solche Regelung ist aber durchaus Verhandlungsmasse. Alle Sicherheiten handeln Sie mit Ihrer Hausbank aus, über die auch die **Antragstellung** abgewickelt wird. Den Antrag stellen Sie über das Formular der KfW. Darin müssen Sie die geplanten Investitionen, den Zeitraum und die Kosten genau angeben.

Anschrift:

Kreditanstalt für den Wiederaufbau
Palmengartenstraße 5–9
60325 Frankfurt am Main
Telefon (0 69) 74 31–0
Telefax (0 69) 74 31 29 44

3. Die Programme der Deutschen Ausgleichsbank (DtA)

Interessant für Rechtsanwälte sind die folgenden Programme, die die Deutsche Ausgleichsbank auch für Freiberufler aufgelegt hat:

a) Die Eigenkapitalhilfe

Wie der Begriff schon andeutet, stellt das Eigenkapitalhilfeprogramm »Hilfe zur Selbsthilfe« dar. Voraussetzung für die Gewährung ist daher, daß Sie auch in angemessenem Umfang Eigenkapital für die sachliche Ausstattung der Kanzlei einsetzen. Von den **Gesamtinvestitionen** sollen mindestens 15 % durch Eigenkapital abgedeckt werden. Durch das Eigenkapitalhilfeprogramm kann eine Aufstockung auf höchstens 40 % der Gesamtinvestitionen erreicht werden. Die restlichen 60 % der Investitionssumme müssen durch das Existenzgründungsprogramm (maximal 50 % der Investitionssumme) und durch anderweitige Finanzierung (regelmäßig durch einen Kredit der Hausbank in Höhe von 10 % der Investitionssumme) abgedeckt werden. Als Mindestbetrag müssen 5000 DM beantragt werden, maximal werden 700 000 DM pro Antragsteller gewährt.

Als **Eigenmittel** gelten bare und unbare Vermögenswerte, also auch Sparguthaben, Rückkaufswerte von Kapitallebensversicherungen und eingebrachte Gegenstände.

Beispiel:
Sie beabsichtigen, von Anfang an mit einer guten Büroausstattung zu arbeiten, und müssen daher erhebliche Mittel in Ihre erfolgversprechende Selbständigkeit investieren. Sie besitzen leider kein dickes Bankkonto, aber einen Pkw im Wert von 8000 DM, eine Computeranlage nebst Drucker im Wert von 5000 DM sowie Fachbücher im Wert von 2000 DM. Sie können daher bereits 15 000 DM Eigenkapital einbringen. Da Ihre Investitionspläne, insbesondere aber das vorhandene Eigenkapital letztlich die Höhe der Investitionssumme bestimmen, könnten Sie maximal 100 000 DM (15 % Eigenkapital sind erforderlich) über das hier vorgestellte Programm in die Kanzlei investieren.

Sie sehen, daß sich auch mit wenig Eigenmitteln eine Kanzlei gut austatten läßt.

Die Eigenkapitalhilfe kann auch zur **Existenzgründungsfestigung** innerhalb von zwei Jahren nach Beginn der Tätigkeit beantragt wer-

Quelle	**Investitionssumme**	**Investitionsanteil**
Eigenkapital	15 000 DM	15 %
Eigenkapitalhilfe	25 000 DM	25 % (zusammen mit Eigenkapital max. 40 % der Investitionssumme)
Existenzgründungsdarlehen der Deutschen Ausgleichsbank	50 000 DM	50 % (maximal 75 % der Investitionssumme)
Investitionskredit der Hausbank	10 000 DM	10 %
Gesamt	100 000 DM	100 %

den. Sofern Sie zunächst sicherheitshalber mit einer Küchen- oder Wohnzimmerkanzlei beginnen wollen, weil sich die Bestreitung des Lebensunterhaltes in der Startphase als kritisch darstellt, können Sie noch innerhalb von zwei Jahren einen **Festigungskredit** für den Umzug bzw. die Ausstattung einer außerhalb der Wohnung gelegenen Kanzlei beantragen.

Die **Laufzeit des Kredits** beträgt in der Regel 20 Jahre, davon sind die ersten zehn Jahre tilgungsfrei. Der bei der Gewährung gültige Zinssatz gilt bis zum Ende des zehnten Jahres. Danach kann der Zinssatz für die Restlaufzeit neu festgelegt werden. Im ersten und zweiten Jahr ist die Eigenkapitalhilfe zinslos, danach beträgt der Zinssatz 2 % im dritten Jahr, 3 % im vierten Jahr und 5 % im fünften Geschäftsjahr. Die **Auszahlung** erfolgt zu 100 %. Die **Rückzahlungsraten** werden halbjährlich abgebucht.

Die Zinsen werden aus Bundesmitteln subventioniert. Dies gilt allerdings nur für Neugründungen und nicht für Übernahmen und tätige Beteiligungen. Bei letzteren wird aus EG-rechtlichen Gründen in den ersten fünf Jahren ein marktüblicher Zins angesetzt.

Bei prächtiger Geschäftsentwicklung ist eine **vorzeitige Tilgung** unter Einhaltung einer dreimonatigen Kündigungsfrist zum 31. 3. und 30. 9. eines jeden Jahren möglich. Fragen Sie vorher Ihre Steuerberatung.

Tip:
Tilgen Sie diese Mittel keinesfalls in den ersten sieben Jahren, da in diesem Fall die vom Bund gewährte Zinssubvention entfällt. Zahlen Sie andere Fördermittel zurück, wenn die frühzeitige Rückzahlung aufgrund einer guten Geschäftsentwicklung möglich ist.

Für Mittel aus dem Eigenkapitalhilfeprogramm sind außer der **persönlichen Haftung** des Antragstellers (und gegebenenfalls seines Ehepartners) keine weiteren **Sicherheiten** erforderlich.

Tip:
Achten Sie darauf, daß die **Hausbank** dies beachtet. Insbesondere ist es nicht nötig, daß bei der Bürgschaftsbank ein Bürgschaftsantrag für die Mittel aus der Eigenkapitalhilfe gestellt wird. Auch eine Sicherungsabtretung sollte insoweit eingeschränkt werden, da ansonsten auch der Bank die **Übersicherung** drohen kann.

Die Mittel sind über die Hausbank zu beantragen. Sie sind in der Wahl der Bank, über die sie die Anträge stellen, frei. Die **Abwicklungspraxis der Banken** ist freilich sehr unterschiedlich. Während einige Banken staatliche Förderprogramme wegen des Verwaltungsaufwandes und des geringen eigenen Geschäftsanteils eher als lästig ansehen und entsprechend behandeln, erkennen andere wenigstens die Möglichkeit von Folgegeschäften der nicht völlig uninteressanten Zielgruppe Anwältinnen und Anwälte. Manche Banken betreiben eine abschreckende umständliche **Antrags- und Abrufprozedur**, andere dagegen regeln dies sehr unbürokratisch. Während ich mein gesamtes Kreditprogramm (100 000 DM) in fünf Teilbeträgen relativ unproblematisch gegen nachträgliche Vorlage von Kaufquittungen in Höhe der vorher bereitgestellten Teilbeträge abrufen konnte, mußte ein Kollege von mir vor jedem Kauf das Angebot des Verkäufers vorlegen. Sodann wurden ihm die jeweils nachgewiesenen Beträge einzeln freigegeben. Dadurch waren viele lästige Bank- und Geschäftsgänge notwendig. Hier wäre unter Berücksichtigung der anwaltlichen Stundensätze ein Geschäftskredit günstiger gewesen.

Tip:
Suchen Sie frühzeitig mehrere Kreditinstitute auf und erfragen Sie die genauen Konditionen und Umständen (Wie sehen Beantragung und Auszahlung genau aus?). Fragen Sie auch nach den normalen gewerblichen Krediten. Unter Umständen erhalten Sie dabei sehr günstige Angebote anstelle der oder neben den Förderprogrammen.

Wenn Ihrem Antrag stattgegeben wird: Der Kreditbetrag soll in einer Summe abgerufen werden. Sofern die Mittel nicht sofort abgerufen werden, weil die Investitionen noch nicht fällig sind, werden **Bereitstellungsprovisionen** fällig.

Tip:
Planen Sie die Beantragung der Mittel genau. Je länger die Mittel bereitgestellt werden, ohne daß Sie sie abrufen, um so teuerer kommen Sie die **Zusageprovisionen** für die Bereitstellung zu stehen (0,5 % pro Monat ab Zusage der Kreditmittel!). Es ist daher am günstigsten, die Mittel sofort abzurufen. Eine Alternative ist die zulässige **Vorfinanzierung** der beantragten Eigenkapitalhilfe durch die Hausbank.

Beachten Sie bitte auch, daß nur Investitionen, die **nach Antragstellung** getätigt wurden, finanziert werden (Ausnahme: Maßnahmen zur Existenzfestigung). Maßgeblich ist der Zeitpunkt, in dem die ersten Gespräche von Ihrer Hausbank über die Beantragung dieser Mittel geführt und **aktenkundig** gemacht wurden. Achten Sie darauf, daß Ihre Hausbank darüber eine **Aktennotiz** fertigt, damit Sie erforderlichenfalls sofort Investitionen tätigen können.

Dem Antrag ist ein **Gründungskonzept** beizufügen. Dabei müssen Sie die konzeptionelle Ausrichtung der Kanzlei darstellen und begründen, warum Sie die Existenzgründung für erfolgreich halten. Machen Sie sich daher insbesondere (positive) Gedanken zu

- Standort,
- Konkurrenzsituation,
- Qualifikation des Antragstellers,
- fachliche und konzeptionelle Ausrichtung der Praxis,
- Nachfragepotential.

Weisen Sie auf bestehende Kontakte, eine örtliche Einbindung oder Besonderheiten im Lebenslauf hin.

Vorzulegen ist weiter ein **Finanzierungs- und Investitionsplan**. Zunächst müssen Sie sich daher Gedanken über die notwendigen Investitionen machen und die vorhandenen und neu anzuschaffenden **Betriebsmittel** (Büroeinrichtung, Telefonanlage, PC, Kopierer, Robe, Telefax, Büromaterial, Erstausstattung mit Formularen oder Anwaltssoftware, Kanzleischild, Visitenkarten, Drucksachen etc.) auflisten. Dann erfolgt eine Aufteilung der Gesamtsumme nach dem oben angegebenen Schema (15 %, 25 %, 50 %, 10 %), sofern Sie diesen »Mix« an öffentlichen Förderprogrammen nutzen wollen.

Daneben werden ein **Gutachten** (z. B. der Rechtsanwaltskammer, einer Unternehmensberatung oder des Instituts der Deutschen Anwaltschaft) über die Tragfähigkeit der Existenz sowie eine genaue Liquiditätsplanung verlangt.

Im Rahmen der **Liquiditätsplanung** sind die zu erwartenden Einnahmen und die zu erwartenden Kosten während des Rückzahlungszeitraums zu schätzen. Im ersten Jahr können Sie mit **Netto-Umsatzerlösen** (Bruttoerlös abzüglich MwSt.) zwischen 60 000 DM und 150 000 DM rechnen. Danach wird für das zweite Jahr ein Faktor von 1,5, für das dritte Jahr von 2,0, für das vierte Jahr von 2,5 und das fünfte Jahr von 3,0 realistisch sein. Danach wächst der Umsatz bis zum zehnten Jahr um 10 % jährlich, vom 11. bis 20. Jahr insgesamt um 40 %.

Beispiel:
Geschätzter Anfangsnettoerlös im ersten Jahr sind 100 000 DM.

1. Geschäftsjahr	100 000 DM
2. Geschäftsjahr	150 000 DM
3. Geschäftsjahr	200 000 DM
4. Geschäftsjahr	250 000 DM
5. Geschäftsjahr	300 000 DM
6. Geschäftsjahr	330 000 DM
7. Geschäftsjahr	360 000 DM
8. Geschäftsjahr	390 000 DM
9. Geschäftsjahr	420 000 DM
10. Geschäftsjahr	450 000 DM
11. bis 15. Geschäftsjahr	540 000 DM
16. bis 20. Geschäftsjahr	648 000 DM

Den geschätzten Einnahmen sind die **voraussichtlichen Kosten** gegenüberzustellen, also Betriebskosten, Lebenshaltungskosten und die Zinsen und Tilgung aus den Investitionskrediten. Auch hier sind präzise Vorüberlegungen erforderlich.

Überlegen Sie gut, ob Sie diese Unterlagen wirklich selber zusammenstellen wollen. Ich habe seinerzeit aus wirtschaftlichen Überlegungen die Beratung des **Instituts der Deutschen Anwaltschaft** in Bonn in Anspruch genommen (Kosten ca. 600 DM zzgl. MwSt.), die nach dem Beratungsgespräch per Software eine von den Banken anerkannte Finanzierungs- und Liquiditätsanalyse erstellt haben. Daneben wird auch von dort eine Gesamtbewertung vorgenommen, die dem Antrag beigefügt wird.

Anschrift:

Institut der Anwaltschaft
Lengsdorfer Hauptstraße 75
53127 Bonn
Telefon (0228) 259185
Telefax (0228) 259408

b) Das Existenzgründungsprogramm

Mit diesem Programm können bis zu 75 % der förderfähigen Investitionen, maximal 2 Mio. DM, mindestens 30000 DM, finanziert werden. Da die Eigenkapitalhilfe günstiger ist, ergibt sich als günstigste Finanzierung bei der Existenzgründung bei weitestmöglichem Einsatz der Eigenkapitalhilfe denklogisch ein sinnvoller Satz von 50 % der Investitionssumme. Hierbei wird das Programm als **Ergänzungsfinanzierung** zu den anderen Förderprogrammen eingesetzt.

Wollen Sie dagegen **Folgeinvestitionen** tätigen, können Sie Mittel aus dem Existenzgründungsprogramm noch bis zu acht Jahren nach dem Beginn der Selbständigkeit beantragen, also zur **Existenzsicherung und -festigung**. Auch ein Kanzleiumzug mit Investitionen kann als Standortverlegung durch das Programm finanziert werden.

Die Konditionen sind schlechter als beim Eigenkapitalhilfeprogramm. Der **Zinssatz** liegt höher. Die Mittel werden zu 98 % ausgezahlt. Die **Laufzeit** beträgt 10 Jahre, von denen die ersten zwei Jahre rückzahlungsfrei gestellt werden können. Als **Bereitstellungsprovision** wird ein Satz von 0,25 % pro Monat verlangt, sofern der Abruf der Mittel nicht in einer Summe am letzten Tag des auf die Zusage folgenden Monats erfolgt.

Die **Anträge** sind über die Hausbank einzureichen. Mit dem Vorhaben dürfen Sie – in der Regel – noch nicht begonnen haben, wenn die Mittel zur Existenzgründung und nicht zur -festigung beantragt werden. Zur frühzeitigen Beantragung gilt das zur Eigenkapitalhilfe Gesagte entsprechend.

c) Das Bürgschaftsprogramm

Da die Hausbank über die Absicherung des Kreditrisikos nach eigenem Ermessen entscheidet, müssen Sie in aller Regel die banküblichen **Sicherheiten** (Risikolebensversicherung über die Darlehenssumme; Sicherungsübereignung der Sachmittel, gerne Immobiliarsicherheiten) beibringen. Da Sie wie die meisten frischgebackenen Assessorinnen und Assessoren über keine zufriedenstellenden Sicherheiten verfügen werden, bietet sich eine Absicherung über die Bürgschaftsbank an.

Über das **DtA-Bürgschaftsprogramm** können 80% des Risikos abgedeckt werden, die Hausbank trägt das Restrisiko. Den entsprechenden Antrag an die Bürgschaftsbank stellt die Hausbank im Zusammenhang mit den anderen Anträgen.

Für die Bearbeitung wird bei **Antragstellung** ein einmaliges Antragsentgelt erhoben, das bei Ablehnung zur Hälfte erstattet wird. Außerdem wird bei Bewilligung der Bürgschaft eine **Bearbeitungsgebühr** fällig. Damit nicht genug, beansprucht die Deutsche Ausgleichsbank ein laufendes **Bürgschaftsentgelt**.

Anschrift:

Deutsche Ausgleichsbank
Wielandstraße 4
53170 Bonn
Telefon (0228) 831-2400 oder 2401
Telefax (0228) 831-2255 oder 2559

4. Die Finanzierung durch bankübliche Geschäftskredite

Neben den vorgestellten Programmen, deren Vorteile in einem niedrigen Zins und einer an die Startprobleme angepaßten Tilgung bestehen, sollten Sie sich auch zum Vergleich ein **alternatives Finanzierungsmodell** von einem seriösen Finanzmakler und einigen Banken einholen. Reichen Sie dabei die Gutachten und Pläne ein, die Sie bereits für die staatlichen Programme zusammengetragen haben. Den Autoren sind Fälle bekannt, in denen privat eine im Vergleich sehr unbürokratische und im Zins vergleichbar günstige Finanzierung auf dieser Ebene angeboten wurde. Voraussetzung ist, daß das Konzept des Existenzgründers überzeugt. **Nachteil der privaten Finanzierung** ist, daß die **Tilgung** bereits frühzeitig einsetzt und damit die Startphase mit hohen Rückzahlungen beschwert wird. Eine private Finanzierung scheitert häufig auch daran, daß die verlangten **Sicherheiten** nicht erbracht werden können. Wenn Oma also keinen guten Rang im Grundbuch für das Enkelkind freigibt, dürfen Sie sich mit den – ohnehin mehr Ihren Bedürfnissen entsprechenden – öffentlichen Programmen begnügen.

Möglicherweise gelingt es Ihnen sogar, neben den öffentlichen Krediten einen großzügigen **Geschäftskredit** Ihrer Hausbank oder einer anderen Bank zu erhalten. Dies kann insbesondere für die Überwindung der anfänglichen Durststrecke nützlich sein, um den **Lebensunterhalt** sicherzustellen. Achten Sie dabei darauf, daß die Konditionen günstig sind. Sie müssen bei Ihren Investitionen immer auch die Rückzahlbarkeit im Auge haben.

5. Der Investitionsbedarf

Welche Investitionen Sie tätigen, hängt von Ihren individuellen Bedürfnissen und der Zielgruppe der Kanzlei ab. Es werden daher drei unterschiedliche Modelle mit den überschlägig ermittelten Kosten vorgestellt, an denen Sie sich bei der Planung des Finanzbedarfs und der Aufstellung für die Anträge bei den Banken orientieren können.

Gehen Sie davon aus, daß die untenstehenden Kosten eher den unteren Rand dessen darstellen, was Sie tatsächlich investieren werden. Sicher geht es sogar noch preiswerter, z. B. wenn Sie Gebrauchtmöbel kaufen und/oder im eigenen Haushalt starten.

Denken Sie aber bei allem daran, daß es häufig teurer ist, zu Beginn eine Billigausstattung zu wählen. Eine hochwertigere Ausstattung leistet nicht nur mehr, sondern hält auch länger.

	Neue Bescheidenheit	**Standard**	**De Luxe**
Anwaltsgehilfinnenarbeitsplatz inkl. Stuhl und Aktenschränken	3000	5000	10000
Anwaltsarbeitsplatz inkl. Stuhl und zwei Besucherstühlen und Schränken	5000	10000	25000
Wartezimmer	0	0	7000
Diktiergerät und Abspielgerät	700	1000	1300
Telefonanlage (ISDN) einschließlich Anrufbeantworter	3000	5000	10000
Mobilfunk (Handy und/oder Autotelefonfesteinbau)	0	1000	3000
Echtpapiertelefax (Tinte oder Laser)	1500	2000	3000
Kopierer	2000	5000	10000
Zwei Computereinzelplätze inkl. Drucker	6000	10000	0

	Neue Bescheidenheit	Standard	De Luxe
Netzwerk mit 3 Arbeitsplätzen	0	0	30000
Anwaltssoftware 2 bzw. 3 Plätze inkl. Schulung	9000	9000	13500
CD-ROMS	1000	2000	15000
Zeitschriften (Grundausstattung)	2000	4000	6000
Bücher	2000	5000	15000
Zeitschriften (erstes Jahresabo)	600	1000	1500
Telefon-, Anwalts-, Gerichts- u.ä. Verzeichnisse	700	700	700
Formulare	200	200	200
Praxisschild	200	400	1000
Briefumschläge etc.	200	200	200
Briefbögen	500	500	800
Visitenkarten	300	400	500
Stempel	80	120	250
Buchführungsjournal	100	100	150
Prozeßregister und Fristenkalender	150	150	150
Sonstige Büroartikel (Stifte, Briefwaage, Schere etc.)	400	600	1000

	Neue Bescheidenheit	Standard	De Luxe
Aktengrundausstattung	300	300	300
Robe	350	400	500
Binder	30	30	30
Fortbildung (Seminare, Fachanwaltskurs)	2000	4000	8000
Gründungskosten (Zulassungsgbühr etc.)	500	500	500
Kanzleieröffnungsfeier	1000	2500	5000
Inserate, Werbung	1000	2000	5000
Summe	43810	73100	174580

An **sonstigen Kosten** sollten noch mindestens ca. 3000 DM für Unvorhergesehenes (aber auch Pflanzen, Bilder, Lampen, Teppich etc.) hinzukalkuliert werden. Daneben ist bei der Investitionsplanung auch das **Geschäftsfahrzeug** zu berücksichtigen. In die vorstehende Tabelle wurde diese Position nicht aufgenommen, da dieser Posten sehr individuell ist (Alt- oder Neufahrzeug, Wagenklasse, Kauf oder Leasing etc.).

Für die Beantragung öffentlicher Mittel sind die Sachinvestitionen genauer aufzuschlüsseln. Holen Sie während der Planungsphase entsprechende Angebote ein und fügen Sie diese dem Antrag bei.

6. Die monatlichen Betriebskosten

Bei Ihrer Finanzplanung müssen Sie insbesondere die monatlichen laufenden Kosten des **Kanzleibetriebs** berücksichtigen. Diese müssen in einem angemessenen Verhältnis zu den Einnahmen stehen. Nach

Untersuchungen des Instituts für freie Berufe (BRAK-Mitteilungen 1994, 196) liegt der **Kostenanteil** am Umsatz zwischen 53 % (Einzelkanzleien) und 59 % (Sozietäten). Die **Personalkosten** schwanken zwischen 25 % (Einzelkanzleien) und 27 % **(Sozietäten)** des Umsatzes. Die **Sachkosten** einer Sozietät machen 34 % aus, während Einzelkanzleien mit 26 % auskommen. Ihre monatlichen Kosten können Sie mit der untenstehenden **Aufstellung** überschlägig ermitteln. Die Aufstellung ist als Grundlage für Ihre Anträge bei Finanzierung durch öffentliche Mittel, aber auch bei Einsatz von normalen Geschäftskrediten zu verwenden.

Position	**monatliche Kosten**
Miete	
Mietnebenkosten	
Personalkosten	
Steuerberatung	
EDV-Softwarevertrag	
Telefongebühren	
Porto	
Kopiererkosten einschl. Wartung	
Monatlicher Bürobedarf	
Berufsgenossenschaft	
Berufshaftpflicht	
Betriebshaftpflicht	

Position	**monatliche Kosten**
Sachwertversicherung	
Sonstige Versicherungen	
Beitrag Rechtsanwaltskammer	50 DM
Beitrag Anwaltverein	20 DM
Zeitschriften Abonnements	
Nachlieferungen Gesetzestexte	
Ergänzungslieferungen Loseblattsammlungen	
Kontoführungsgebühren	
Dienstfahrzeug/Reisekosten	
Werbung/Repräsentation	
Fortbildung/Spezialisierung	
Finanzierungskosten	

VI. Organisationsformen anwaltlicher Tätigkeit

Bereits frühzeitig müssen Sie sich auch Gedanken machen, in welcher Form Sie Ihrer anwaltlichen Tätigkeit nachgehen wollen. Vielleicht haben Sie bereits mit Gleichgesinnten konkrete Pläne oder jedenfalls lose Absichten zu einer gemeinsamen Berufsausübung. Gerade bei einer sofortigen Niederlassung nach dem zweiten Staatsexamen kann es vorteilhaft sein, diese gemeinsam anzugehen. Dadurch läßt sich das Organisatorische und das Fachliche auf mehrere Schultern verteilen. Ein **Zusammenschluß** sollte aber nie aus vermeintlicher Not oder Angst vor dem Alleingang gewählt werden. Eine gemeinsame Berufsausübung bewährt sich nur, wenn die »Chemie« untereinander stimmt, sei es auf rationaler oder emotionaler Ebene. Gehen Sie nicht bei der erstbesten Möglichkeit eine Zusammenarbeit ein. Sie können nach ein paar Jahren Berufserfahrung in der Regel besser einschätzen, mit wem Sie zusammenarbeiten könnten.

1. Der Einzelkämpfer

Die anwaltliche Tätigkeit als Einzelkämpfer wird auch zukünftig Bestand haben. Die Vorteile und Nachteile liegen auf der Hand. Sie können sich zwar mit Kollegen nicht fachlich beraten, Sie müssen sich aber auch nicht bei organisatorischen Fragen abstimmen, sondern sind Ihr eigener Herr (oder Frau). Interessanterweise ist die **Kostenstruktur** von Einzelkanzleien (59 % am Umsatz) nicht viel schlechter als die von Sozietäten (53 %) und erstaunlicherweise auch als die von Bürogemeinschaften (58 %), deren Zweck doch gerade die Verringerung der Kanzleikosten ist. Nachteile der Tätigkeit als Einzelkämpfer ist, daß Sie an bestimmte Mandate nicht herankommen, die auf einen breiten fachlichen Service angewiesen sind, der qualifiziert nur von mehreren Anwälten abgedeckt werden kann. Typischerweise ist der Einzelkämpfer auch der **Hausanwalt**, der die Wechselfälle des Lebens von Privatpersonen bearbeitet. Zunehmende Verbreitung findet aber auch der z. B. im Erbrecht, Familienrecht oder Arbeitsrecht spezialisierte Einzelanwalt. Immerhin 41% der Einzelanwälte haben die Befugnis zur Führung einer Fachanwaltsbezeichnung erworben oder sind spezialisiert (BRAK-Mitteilungen 1994, 196).

Dieser Trend wird in Zukunft eher zunehmen. Bei stark zunehmenden Zulassungszahlen wird der Markt der **Allgemeinmandate** pro Anwalt abnehmen, da nahezu jeder potentielle Mandant mindestens einen »Alleskönner« in der Bekanntschaft oder Verwandschaft kennt. Die Chance, über den eigenen Bekanntschafts- und Verwandschaftskreis hinaus Allgemeinmandate zu erhalten, werden dadurch geringer. Nur **Spezialisten** werden daher auch beziehungskreisübergreifende Perspektiven haben. Die Spezialisierung lohnt auch, da Umsatz und Verdienst bei Anwälten mit Spezialisierung deutlich höher sind als bei den »Hausanwälten« (vgl. BRAK-Mitteilungen 1994, 196).

2. Zusammenschlüsse

Von Zusammenschlüssen mit gleichgesinnten Kolleginnen und Kollegen versprechen sich die Betroffenen zunächst **Rationalisierungseffekte** bei den Personal- und Sachkosten und Synergieeffekte bei den Einnahmen. Weitere Vorteile können in der Möglichkeit zur **Spezialisierung** durch Einrichtung von **Dezernaten** (Sozietät) oder eine entsprechende interne Aufteilung (Bürogemeinschaft) sowie in dem Erhalt der Funktionsfähigkeit der Kanzlei bei Krankheit, Urlaub und Freizeit liegen. Entsprechende **Vertretungen** sind aber auch zwischen befreundeten Einzelkämpfern üblich. Daneben ist die Ausweitung der Tätigkeit auf andere Orte nur im Rahmen anwaltlicher Zusammenarbeit möglich. Ein weiterer Vorteil ist das Teilen von Freud und Leid, aber auch das fachliche Gespräch sowie der Austausch von Erfahrungen. Sofern man sich für eine Zusammenarbeit entscheidet, kommen dabei vor allem für Berufsanfänger die nachfolgenden Formen in Betracht.

a) Die Bürogemeinschaft

Die Bürogemeinschaft ersetzt zunehmend die verbreitete »Außensozietät«, zutreffender auch als »Scheinsozietät« bezeichnet. Viele Sozietäten sind intern nämlich nicht gleichberechtigt ausgestaltet. Parallel zur Entwicklung bei der Wahl der Form des Zusammenlebens mit einem Lebenspartner in Richtung Flucht aus rechtlichen Bindungen ziehen Kolleginnen und Kollegen auch im Falle eines anwaltlichen Zusammenschlusses zunehmend eine lockerere Form der Bindung vor, ähnlich der Zweck-Wohngemeinschaft. Man teilt sich vornehmlich die Miet- und Personalkosten, ansonsten kämpft und erntet jeder für sich.

Dabei ist bei der Werbung und der Gestaltung von Schildern und Drucksachen nach außen der Eindruck einer Sozietät zu vermeiden. Dies führt für Dritte häufig zu Unklarheiten, da diese Organisationsform anwaltlicher Berufsausübung häufig nicht verstanden wird. Das Auftreten in der Öffentlichkeit wird dadurch nicht erleichtert.

Nicht unproblematisch ist auch, daß man bei fehlender Abstimmung in »Futterkonkurrenz« zueinander steht. Eine solche Abstimmung kann z. B. in der **Aufteilung von Rechtsgebieten** oder dem **Austausch von Mandaten** bestehen. Interessanterweise erzielen gerade Bürogemeinschaften (vgl. BRAK-Mitteilungen 1994, 196) den relativ niedrigsten persönlichen Umsatz pro Beteiligten. Da die Kosten denen anderer Kanzleiformen vergleichbar sind, muß dies in der schlechteren Einnahmesituation begründet sein. Dies mag an den Problembereichen »mangelnde Abstimmung«, »schwierige Außendarstellung« und der »Konkurrenzsituation bei Mandaten« liegen.

In einer Bürogemeinschaft besteht wegen der Ausgabenkonkurrenzsituation häufig auch ein geringeres Interesse an der **Senkung der gemeinsamen Kosten**. Eine Gefahr ist sicher, daß die Mitglieder der Bürogemeinschaft bei Konkurrenzdenken einen Vorteil darin sehen, aus dem gemeinsamen Kostentopf den jeweils größten Teil zu verbrauchen. Dadurch wird ein kostenbewußtes Wirtschaften erschwert. Bei der Sozietät entfällt diese Problematik.

Die Bürogemeinschaft ist eine GbR und muß eine eigene **Steuererklärung** abgeben, wenn Sie die Umsatzsteuer z. B. auf die gemeinsame Miete zurückbekommen wollen. Dabei wird die Bürogemeinschaft als solche nur umsatzsteuerrelevant, wenn sie über die **Innengesellschaft** hinaus nach außen tritt (vgl. näher dazu Assmann, Umsatzsteuerliche Probleme bei Anwaltssozietäten und Bürogemeinschaften, ZAP 1992, 589). Dazu müssen möglichst viele Kosten (Miete, Personal, Veranstaltungen etc.) über die Bürogemeinschaft laufen. Im Idealfall wickelt die GbR eigene Geschäfte (z. B. Untervermietung der Büroräume für Abendveranstaltungen, Seminare u. ä.) ab. Ziehen Sie unbedingt eine Steuerberatung zu Rate, um die Gestaltungsmöglichkeiten zu Ihrem Vorteil zu nutzen.

Jedenfalls muß auch bei dieser Form der Zusammenarbeit die »Chemie« stimmen. Außerdem müssen vorher Regelungen für die Bürogemeinschaft getroffen und schriftlich fixiert werden. **Vertragsmuster** finden Sie in Zuck, Vertragsgestaltungen bei Anwaltskooperationen, Verlag Dr. Otto Schmidt und Naegele/Jürgensen, Zusammenschlüsse von Freiberuflern, Verlag Wirtschaft, Recht und Steuern.

b) Die Sozietät

Die Sozietät stellt eine echte **Gemeinschaftspraxis** dar. Der Vertrag mit dem Mandanten kommt mit allen Mitgliedern der Sozietät zustande, was sich vor allem haftungsrechtlich auswirken kann. Intern können sowohl die **Gewinnverteilung** als auch der **Kostenschlüssel** beliebig vereinbart werden. Es trifft also nicht zu, daß in und aus einem Topf gewirtschaftet wird. Dies wird bei Neugründungen junger gleichqualifizierter Kolleginnen und Kollegen zwar die Regel sein. Nach gewisser Zeit kann sich aber bei unterschiedlicher Arbeitseinstellung oder Akquisitionsgeschick ein Bedarf nach Neuverhandlung der Verteilung ergeben, da auch **Sozietätsverträge** kündbar sind.

Ein Vorteil der Organisationsform Sozietät ist aber, daß die **Referate** unabhängig von den Umsatzperspektiven des jeweiligen Rechtsgebietes nach Neigung und voraussichtlichem Arbeitsanfall aufgeteilt werden können, ohne daß Futterneid aufkommt. Dies gilt jedenfalls bei gleichberechtigter Aufteilung der Gewinne. So kann der wirtschaftsrechtlich ausgerichtete Zivilrechtler die Bußgeld- und Strafsachen eines gewerblichen Mandanten von einem entsprechend spezialisierten Mitglied der Sozietät bearbeiten lassen. In einer Sozietät ist es leichter, auch an sich wirtschaftlich unattraktive Mandate im Rahmen eines Vollservices qualifiziert zu bearbeiten, da die **Mischkalkulation** bei den Mandaten allen Mitgliedern zugute kommt.

Ein Problem können unterschiedliche Entwicklungen der Existenzgründer, verschiedene Arbeitsauffassungen und Einstellungen zum Anwaltsberuf (mehr Mandate einerseits oder mehr Freizeit andererseits) darstellen. Diese Fragen müssen bereits bei der Wahl der Partner und der Vertragsgestaltung beachtet werden. Ein guter **Sozietätsvertrag** muß die Lösungen für denkbare Konflikte bereits enthalten. Darüber sollten junge Existenzgründer sich offen unterhalten. Vertragsmuster finden sich in Trinkner, Sozietätsverträge, Verlag Recht und Wirtschaft und Naegele/Jürgensen, Zusammenschlüsse von Freiberuflern, Verlag Wirtschaft, Recht und Steuern.

c) Die Anwalts-GmbH

Neuerdings wird auch die Anwaltstätigkeit im Rahmen einer GmbH für zulässig gehalten. Da diese noch nicht weit verbreitete und auch rechtlich nicht unumstrittene (dafür BayObLG, AnwBl 1995, 35) Gesellschaftsform für Existenzgründer wohl zu Beginn der Karriere nicht in Betracht kommt, wird an dieser Stelle nur auf den Sonderdruck aus der GmbH-Steuerpraxis, zu beziehen über den VSRW-Verlag, Annaberger Str. 283, 53175 Bonn, Telefon (02 28) 9 51 24–0; Telefax (02 28) 9 51 24–90 verwiesen. Der Aufsatz beschäftigt sich mit den berufsrechtlichen Voraussetzungen und den betriebs-, gesellschafts- und steuerrechtlichen Vor- und Nachteilen. Ein Mustervertrag für die Anwalts-GmbH findet sich zudem bei Senninger, ZAP 1995, 43.

d) Die Partnerschaft

Ob sich neben den bereits genannten Formen die Partnerschaft durchsetzt, bleibt fraglich. Im Grunde bringt die **Partnerschaftsgesellschaft** nichts neues. Die Partner können die Haftung auf das Partnerschaftsvermögen beschränken. Außerdem kann die Haftung auf denjenigen beschränkt werden, der innerhalb der Partnerschaft gegenüber dem Mandanten die entsprechende Leistung tatsächlich zu erbringen hat (zur Haftung und zum Vergleich mit der GmbH Oppermann, Haftungsgrenzen für Anwalts-GmbH und Partnerschaft, AnwBl 1995, 453).

3. Überörtliche Aktivitäten

Überörtliche Aktivitäten sind nicht nur im Rahmen von Sozietäten (überörtliche Sozietäten) zulässig. Auch Bürogemeinschaften und Einzelanwälte können mit anderen Anwälten überörtlich und international kooperieren (vgl. Vorbrugg, Überregionale Anwaltskooperationen, AnwBl 1996, 129). Diese **Kooperationen** dürfen in der Kanzleibroschüre erwähnt werden. Im Briefkopf dürfen sie jedoch allenfalls genannt werden, sofern sich deutlich ergibt, daß es sich um eine lose Zusammenarbeit handelt und nicht etwa um eine Sozietät.

Anwaltskooperationen sind auch ohne rechtliche Bindungen zulässig und dürfen ausnahmsweise auch auf dem Briefkopf genannt werden, wenn z. B. ausländische Kanzleien bei Fragen des dortigen Rechts zu Rate gezogen oder beauftragt werden oder eine wechselseitige Nutzung der jeweiligen Praxisräumlichkeiten bei Auslandsmandaten vereinbart ist.

Insbesondere spezialisierte Einzelanwälte sind auf die lockere fachliche Zusammenarbeit mit anderen spezialisierten Kanzleien angewiesen, wenn andere Rechtsgebiete betroffen sind. Dabei kann bei größeren Projekten eine Gruppe von selbständigen Spezialisten zusammengestellt werden, ähnlich verfahren auch die großen Lawfirms intern. Auch hier gilt, daß die Nennung nur in der Kanzleibroschüre zulässig ist.

Auch ein verfestigter Austausch von Verkehrsmandaten kann zu den verbreiteten Formen der überörtlichen Aktivitäten gezählt werden.

In neuerer Zeit sind **EG-weite Zusammenschlüsse** in der Form der EWIV (Europäische Wirtschaftliche Interessenvertretung) - jedenfalls bei Sozietäten - verbreitet. Auch die Zusammenarbeit im Rahmen einer **EWIV** darf auf dem Briefkopf verkündet werden. Inzwischen gibt es mehrere Vereinigungen dieser Art, in denen Kanzleien Mitglied werden können.

VII. Lehrgänge zur Vorbereitung auf die Tätigkeit als Anwalt

1. Der Anwaltslehrgang in Bielefeld

Die Universität Bielefeld bietet in Zusammenarbeit mit dem Anwaltverein Bielefeld, dem Deutschen Anwaltverein, der Bundesrechtsanwaltskammer und der Hans-Soldan-Stiftung den **Bielefelder Kompaktkurs** an (Teilnehmerbericht in BRAK-Mitteilungen 1993, 206). Der Lehrgang beschäftigt sich mit typischen anwaltlichen Fragestellungen beginnend mit der Existenzgründung einer Kanzlei. Es besteht die Möglichkeit, bereits während der **Wahlstation** im Rahmen des Referendariats an diesem Kurs teilzunehmen. Das Programm ist modular aufgebaut, so daß die Möglichkeit besteht, vier, drei, zwei Monate oder aber nur einen Monat teilzunehmen.

Der Besuch des Lehrgangs bietet sich insbesondere während einer Arbeitslosigkeit nach dem zweiten Staatsexamen an, um die Rechtsanwaltskarriere systematisch vorzubereiten und Ausbildungsdefizite im Hinblick auf die anwaltliche Berufstätigkeit zu schließen.

Tip:
Die Zulassungsprozedur dauert ohnehin ca. drei Monate. Nutzen Sie diese Zeit für den Bielefelder Kompaktkurs. Der Kurs bereitet Sie systematisch vor. Sie werden die investierte Zeit locker wieder hereinholen, weil Sie typische Anfängerfehler nach diesem Kurs nicht machen werden.

Anschrift (Informationsbroschüre, Anmeldung):

Institut für Rechtsgestaltung, Steuern und Recht
der rechts- und wirtschaftsberatenden Berufe der Universität Bielefeld
Postfach 100131
33501 Bielefeld
Telefon (0521) 106-3174 (Sekretariat, Anrufbeantworter)
Telefon (0521) 106-3173 und 3178 (inhaltliche Fragen)
Telefax (0521) 106-3175

2. Der Studienkurs »Einführung in den Anwaltsberuf« an der Fernuniversität Hagen

Die Fernuniversität Hagen bietet in Zusammenarbeit mit der Deutschen AnwaltAkademie im Deutschen Anwaltverein ein **weiterbildendes Fernstudium »Einführung in den Anwaltsberuf«** an. Durch den Kursus können die vorhandenen Ausbildungslücken im Hinblick auf die Vorbereitung für die Anwaltstätigkeit geschlossen werden. Das Programm setzt sich aus vier Themenbereichen zusammen:

- Berufswahl/Praxisgründung/Kanzleiorganisation
- Anwaltliches Berufsrecht/Haftungsrecht
- Abgaben und Steuern im Anwaltsberuf
- Rechtsanwaltsgebührenrecht

Ab Herbst 1995 wird zudem der für Berufsanfänger (Pflichtverteidigungen!) wichtige Bereich »Einführung in die Praxis der Strafverteidigung« angeboten.

Nach der Anmeldung erhält man **schriftliche Kurseinheiten** für das Selbststudium, die mit Übungsaufgaben versehen sind. Daneben erhält man **Materialbände** mit Gesetzesbestimmungen, wichtigen Gerichtsurteilen und Literaturhinweisen. Das Ganze wird abgerundet durch **audiovisuelle Medien** (vier Videokassetten). Wer die Unterlagen einmal gesehen hat, fragt sich, warum Lernen bisher so schwer sein mußte! Die Kurse werden ergänzt durch **Präsenzveranstaltungen** wie Praxisseminare. Der Lernstoff wird in **22 Kurs-**

einheiten vermittelt, dabei sind ebensoviele Einsendearbeiten zu schreiben. Nach erfolgreicher Teilnahme wird ein **Zertifikat** ausgestellt. Das **Arbeitsvolumen** für das Grundprogramm wird von der Fernuni mit 440 Stunden angenommen, was über ein Jahr verteilt einem wöchentlichen Pensum von **zehn Wochenstunden** entspricht.

Die **Anmeldung** ist bis zum 30. Dezember jeden Jahres für das folgende Jahresprogramm möglich. Voraussetzung für die Anmeldung ist die Ablegung des ersten oder zweiten juristischen Staatsexamens. Der **Versand der Kurse** beginnt am 4. April des Jahres, die **erste Kurseinheit** ist vom 1. Mai bis zum 30. Juni zu bearbeiten. Am 30. April des Folgejahres ist der Gesamtkurs »bearbeitet«.

Sprechen wir über Geld. Die **Gebühren** sind konkurrenzlos günstig. Für die erste **Kurseinheit** sind 180 DM zu entrichten, für die zweite 270 DM, der dritte Kursteil schlägt mit 180 DM zu Buche. Für die vierte Kurseinheit werden 320 DM verlangt, was die Junganwältin oder der Junganwalt aber durch die darauffolgende virtuose Beherrschung des **Gebührenrechts** in der späteren Praxis locker wieder hereinholt. Insgesamt kostet der Fernlehrgang also 950 DM. Die Videokassetten werden für 120 DM (30 DM pro Kassette) abgegeben.

Der Kursus kann in Einzelteilen absolviert werden, einzelne **Kurseinheiten** können wiederholt werden, wenn die **schriftlichen Arbeiten** nicht wie erwartet ausgefallen sind. Eine erfolgreiche Bearbeitung setzt voraus, daß die Hälfte der pro Kurs angebotenen Arbeiten bestanden werden. Als bestanden gilt eine Arbeit, wenn 50 % der erzielbaren Punkte erreicht worden sind.

Die Teilnahme an dem Fernlehrgang erhöht die **Chancen** bei der **Bewerbung** nach dem Examen (Rollmann, Praktische Hinweise für junge Anwälte, DAV, S. 48). Klug ist, wer sich bereits vor dem Referendariat angemeldet hat, und es deshalb schafft, den Ausbildungsanwalt bzw. die Kollegin, bei der eine Nebenbeschäftigung ausgeübt wird, mit profunden Kenntnissen des Anwaltsrechts und der Kanzleiorganisation zu verblüffen. Zweifellos wird durch das im Kursprogramm vermittelte Wissen die spätere Niederlassung erleichtert.

Zweckmäßigerweise wird der Kurs während der Vorbereitung

einer Existenzgründung in der Phase der Arbeitslosigkeit bzw. der unvermeidbaren Wartezeit während des Zulassungsverfahrens absolviert.

Fragen zu Teilnahmebedingungen und Anmeldung beantwortet:

Fernuniversität
– Gesamthochschule – in Hagen
Studentensekretariat
Frau Diana Kargl
Postfach 940
58084 Hagen
Telefon (02331) 987–2466
Telefax (02331) 987–2460

Fragen zu Kursinhalten, Einsendearbeiten und zum Ablauf des Programms richten Sie an:

AOR Ulrike Schultz
Telefon (02331) 987–4215 oder 4201
Telefax (02331) 688896
mittwochs und freitags von 10 bis 13 Uhr

Rückfragen zu den Praxisseminaren beantwortet:

Deutsche AnwaltAkademie
Ellerstr. 48
53119 Bonn
Telefon (0228) 983–6677
Telefax (0228) 983–6666

VIII. Die Startphase

Ein großer Irrtum von Existenzgründern ist, daß man am Anfang zwar wenig verdiene, aber andererseits noch viel freie Zeit habe. Während die erste Annahme häufig zutrifft, widerlegt sich die andere Annahme nach kürzester Zeit. Neben die zur Existenzgründung erforderlichen Tätigkeiten treten die **Einrichtung der Kanzleiorganisation** (Büromöbel, Akten, Bücher, Formulare, Versicherungen, Arbeitsabläufe, Aktenorganisation, Fristenkontrolle, Kleinteile von Büroartikeln über Pflanzen bis hin zu Kaffee und Reinigungsmitteln etc.), die zu Beginn zeitaufwendigere **Einarbeitung** in typische anwaltliche Tätigkeiten, Aktivitäten zur **Durchsetzung am Markt** (Marketing) u.v.m. In einer gut eingespielten Kanzlei fällt ein großer Teil der Arbeiten nicht mehr an bzw. wird effektiver (u. U. durch Hilfskräfte) erledigt. Zu Beginn stehen Sie aber meist noch alleine da.

Grundsatz: Am Anfang machen Sie fast alles selbst, umständlich und nicht immer richtig. Sie werden daher froh sein, wenn das erste Jahr herum ist, Sie etwas weniger arbeiten müssen, aber dennoch etwas mehr verdienen als am Anfang!

Sollten Sie infolge effektivster **Organisation** und perfekter **Planung** während des Referendariats noch Zeit in der Startphase zur Verfügung haben:

Gehen Sie nicht an den Baggersee. Sie sind jetzt selbständig. Das bedeutet, daß Sie täglich für Ihr Brot (und meinetwegen Ihr Auto) und das Ihrer Angestellten sorgen müssen. Sie müssen daher für einen ausreichenden und **permanenten Zufluß von Mandaten** sorgen. In jeder freien Minute sollten Sie sich mit der Frage beschäftigen, warum jemand ausgerechnet zu Ihnen kommen sollte und wie Sie ihm dabei behilflich sein können.

Analysieren Sie Ihre Stärken und Schwächen, Vorlieben und Vorerfahrungen. Wenn Sie wissen, was Sie wollen, bauen Sie in diesem Bereich ohne falsche Scheu oder Arroganz Kontakte auf. Der »Gott in Schwarz« mit Wartezimmer, der in seiner Praxis auf hereinschneiende

Mandanten wartete, ist »megaout«. Erfolgreich sind kontaktfreudige und zuverlässige **Dienstleister**, die ihr Angebot auf bestimmte Zielgruppen zuzuschneiden wissen und dabei mehr leisten als anwaltlich unbedingt erforderlich.

Hüten müssen Sie sich vor allem vor herumreisenden Mandanten, die jeden neu zugelassenen Junganwalt aufsuchen und unter Verschweigen eines Teils des Sachverhaltes bitten, angebliche Forderungen beizutreiben oder Zwangsvollstreckungsmaßnahmen vorzunehmen. Häufig stellt sich heraus, daß bereits einige Kolleginnen und Kollegen von Ihnen in der Sache tätig waren, die – wie sie – bis heute auf Ihr Honorar warten.

Wichtig ist auch, die **Attraktivität von Mandaten** richtig einschätzen zu lernen, um nicht durch Werbemaßnahmen die falschen Mandate anzuziehen. Auch dazu benötigen Sie anfangs viel Zeit.

IX. Die typischen Mandate einer Allgemeinkanzlei

Im folgenden sollen daher die typischen Mandate einer Allgemeinkanzlei (auch boshaft »Feld-, Wald- und Wiesenkanzlei« genannt) erörtert werden, von denen Sie sich anfänglich ernähren werden. Auch wenn Sie spezialisiert sind oder eine Spezialisierung anstreben, werden Sie für einen längeren Zeitraum ohne solche Mandate als »Beifutter« nicht auskommen. **Typische Mandate** in einer nicht spezialisierten Anwaltspraxis sind Verkehrsrechtsmandate, arbeitsrechtliche, mietrechtliche und familienrechtliche Mandate. Zukünftig werden wegen der »Erbengeneration« wohl auch zunehmend erbrechtliche Kenntnisse vom **Vertrauensanwalt** erwartet. In Ihrer Startphase sind dagegen typische »wirtschaftsrechtliche« Mandate eher die Ausnahme.

Damit Sie bereits vorher wissen, was nachgefragt wird, und nicht als Berufsanfänger den **Interessenschwerpunkt** »Kartellrecht« wählen: Beim **Anwaltssuchservice** werden nach eigenen Angaben folgende Rechtgebiete nachgefragt:

Ehe- und Familienrecht (15 %)
Miet- und Pachtrecht (9,5 %)
Individualarbeitsrecht (8,8 %)
Verkehrsrecht (6,7 %)
Erbrecht (6,7 %)

Damit decken sich die **»Top 5«** beim Suchservice auch mit den häufigsten Mandaten einer Allgemeinkanzlei, wenngleich die prozentuale Verteilung etwas anders aussehen dürfte. Die prozentuale Aufteilung bei dem Suchservice wird durch die Absicht der Nachfrager bestimmt, einen **»Spezialisten«** genannt zu bekommen. Einer erfolgreich arbeitenden Allgemeinkanzlei werden von den meisten Mandanten durchaus alle Rechtsgebiete nach jeweiligem Anlaß anvertraut, so daß die Verteilung der Mandate etwas abweichen wird.

Eine verbreitete Fehlvorstellung in der Öffentlichkeit, aber auch bei Berufsanfängern, ist, daß die Hauptarbeit von Anwälten vor den Gerichten stattfindet. Richtig ist, daß 75 % aller Zivilrechtsmandate außergerichtlich erledigt werden und daß der **außergerichtliche Teil der Arbeit** durchaus der wirtschaftlich attraktivere ist (Busse, Anwalt 2000, AnwBl 94, 482). Dieser Bereich wird zukünftig auch den **Wachstumsmarkt** darstellen. Im rechtsberatenden, gutachterlichen und schlichtenden Bereich sind noch viele unbestellte Äcker zu entdecken und zu nutzen. Auch den Mandanten ist häufig nicht bewußt, daß der Anwalt in diesem Bereich der geborene Sachwalter ihrer Interessen ist.

1. Die Unfallregulierung

Kaum jemand Ihrer Bekannten und Freunde weiß, daß die Regulierung eines Unfallschadens durch den Hausanwalt »Teil des Haftpflichtschadens« ist, also im Rahmen des Schadensersatzes von der Haftpflichtversicherung des Unfallverursachers ersetzt wird. Dies bedeutet, daß die **Unfallregulierung** durch einen Anwalt bei einem **unverschuldeten Unfall** kostenlos ist.

Achtung:
Bei Mitverschulden muß der Mandant die Gebühren für den »unberechtigt« geltend gemachten Schaden selbst tragen. Klären Sie darüber bereits im Beratungsgespräch auf.

Solche **Unfallregulierungen** lohnen sich durchaus. Dies gilt jedenfalls bei Schäden über einer bestimmten Größe. So erhalten Sie bei einer außergerichtlichen Regulierung eines Schadens von 10 000 DM (Voraussetzungen: Erledigungswert, also von der gegnerischen Versicherung anerkannte Schadenhöhe 10 000 DM; außergerichtliche Einigung mit dem Versicherer; Abrechnung nach Abkommen zwischen dem DAV und dem Versicherer möglich) ungefähr Gebühren in Höhe von 1005,45 DM (15/10 Gebühr nach **DAV-Abkommen** zzgl. Auslagen und MwSt.).

Wichtiger als die relative Höhe der Einnahme pro Fall ist aber für den Aufbau einer Kanzlei, daß Unfälle mit Sachschäden im Leben eines Mandanten relativ häufig auftreten und daher eigentlich ein

entsprechendes Betätigungsfeld für Junganwälte besteht, welches
a) am Anfang einen beachtlichen Teil der Einnahmen darstellen kann,
b) bereits kurze Zeit nach Beginn der Selbständigkeit zum Erstkontakt mit Ihnen führt (Abbau der Hemmschwelle).

Durch eine kurze Umfrage unter Freunden und Bekannten werden Sie feststellen, daß es zutrifft, daß kaum jemand seinen Schaden durch einen Rechtsanwalt erledigen läßt. Sie werden weiter feststellen, daß diejenigen, die auch vor ihrer Umfrage Schäden durch einen Anwalt haben regulieren lassen, meistens diejenigen sind, die sich auch ansonsten versiert um ihre privaten finanziellen Belange kümmern und deswegen als **gute Mandanten** anzusehen sind.

Informieren Sie die anderen von dieser Möglichkeit möglichst umgehend durch ein kleines Anschreiben zeitnah nach der Eröffnung Ihrer Kanzlei. Auch wenn das werbende Herantreten an eine potentielle Mandantschaft für Rechtsanwälte verboten bleibt, wird Ihnen niemand untersagen können, Freunde und Bekannte im vorgeschlagenen Sinne zu informieren.

2. Das Bußgeldmandat (»Knöllchen«)

Ein ebenso häufig auftretendes Ärgernis, das zur Suche nach anwaltlichem Rat führt, ist der Erhalt eines Anhörungs- oder Vernehmungsbogens. Infolge der Finanznöte der Gebietskörperschaften könnte die ganz offensichtlich damit zusammenhängende **Zunahme** der Dichte der **Verkehrs- und Geschwindigkeitskontrollen** die Zunahme bei den anwaltlichen Zulassungszahlen sogar noch überschreiten. Sofern eine **Verkehrsrechtschutzversicherung** besteht, wehren sich Mandanten gegen unberechtigt erscheinende Maßnahmen der Polizeibehörden. Auch »Kleinvieh macht Mist«, sagt der Berufsanfänger und rechnet für das Vorverfahren gegenüber den Ordnungsbehörden bei Fällen normalen Umfangs und Schwierigkeitsgrades eine **Mittelgebühr** von immerhin 350 DM (die Rahmengebühr geht von 50 DM bis 650 DM) ab. Aber auch hier gilt, daß Sie die Gelegenheit nutzen sollten, aus dem zufällig wegen des »Knöllchen« hereingeschneiten Mandanten einen zufriedenen **Dauermandanten** zu machen, der Ihnen alle seine Rechtsprobleme anvertraut.

3. Das Mandat im Arbeitsrecht

Allgemeinkanzleien freuen sich über Arbeitsrechtsmandate in der Regel nur, wenn es sich um **Kündigungsschutzklagen** handelt. Andere Mandate (Eingruppierungsrechtsstreitigkeiten, Beschlußverfahren, Änderungsschutzklagen), setzen zumeist breitere und tiefergehende Spezialkenntnisse voraus und gehören nicht zum täglichen Brot einer Allgemeinkanzlei. Kündigungsschutzklagen gelten (irrtümlich) als juristisch anspruchslos, aber einträglich. Die Annahme, Kündigungsschutzklagen seien (egal für welche Partei sie geführt wird) »leichte Kost«, stimmt nur dann, wenn die Klage wie häufig in der Güteverhandlung mit einem Vergleich endet. Die anwaltliche Tätigkeit beschränkt sich in diesen Fällen regelmäßig auf die Erstellung einer Klageschrift, eine im Hinblick auf die Möglichkeit eines Vergleichs bewußt kurzgehaltene Besprechung und die Wahrnehmung eines Gütetermins. Der Zeitaufwand dürfte in diesen Fällen weniger als zwei Stunden betragen. Allerdings ist eine solche Herangehensweise äußerst regreßträchtig, lauern doch im gerichtlichen **Abfindungsvergleich** für den »Alleskönner« selbst bereits einige sozialversicherungsrechtliche und steuerliche Fallen.

Außerdem müssen Sie damit rechnen, daß der Kündigungsrechtsstreit über den Gütetermin hinausgeht. In diesem Fall ist in der Regel eine sehr exakte juristische Arbeit mit Spezialkenntnissen gefragt. Die meisten Kündigungsschutzprozesse werden nach meiner Erfahrung wegen Mängeln im Vortrag einer Partei verloren, nicht, weil sich nach einem tatsächlich feststehenden Sachverhalt die Berechtigung oder fehlende Rechtfertigung einer Kündigung ergab. Oft wird auch die komplizierte **Darlegungs- und Beweislast** verkannt. Machen Sie sich daher wenigstens mit den Grundzügen des Kündigungsrechts vertraut und bearbeiten Sie Kündigungssachen gründlich. Legen Sie sich entsprechende Literatur zu.

Zutreffend ist, daß das Gebührenaufkommen durch eine Kündigungsschutzklage überdurchschnittlich ist.

Beispiel:
Einer Angestellten mit gesetzlichem Kündigungsschutz (§§ 1, 23 KSchG) mit einem monatlichen Bruttogehalt von ca. 4500 DM (Streitwert sind die **Quartalsbezüge** nach § 12 Abs. 7 ArbGG, hier ca. 15 000 DM) wird gekündigt. Sie vertreten die Mandantin vor dem Arbeitsgericht. In erster Instanz erhalten Sie bei Zugrundelegung von zwei Gebühren mindestens 1897,50 DM für Ihre Dienste, bei Anfall von drei Gebühren sogar 2823, 25 DM. Der Anfall von drei Gebühren ist wahrscheinlich, da zumeist ein **Vergleich** abgeschlossen wird oder aber eine **Beweisaufnahme** erfolgt. Im ersten Fall (Vergleich) hält sich zudem der juristische Arbeitsaufwand in aller Regel in Grenzen.

Der soeben dargelegte Fall ist nur kursorisch angesprochen. Gebührenspezialisten können durch die Einbeziehung von Zeugnisanspruch und Arbeitsbescheinigung sowie durch die (in aller Regel aber nur hilfsweise für den Fall des Obsiegens nötige) Geltendmachung der fälligen Gehaltszahlungen sowie des **Weiterbeschäftigungsanspruchs** deutlich höhere Gebühren verdienen. Damit hier kein falscher Eindruck entsteht: Beantragt werden darf nur, was in erster Linie dem Mandanten nützt. Dies muß der Anwältin bzw. dem Anwalt allerdings nicht schaden.

Akquisition: Wie kommt ein Anwalt an Arbeitsrechtsmandate? Entsprechende Mandate werden auf der Arbeitgeberseite durch **Personalabteilungen** oder die Geschäftsführungen kleinerer und mittlerer Betriebe vergeben. Gewerkschaften vergeben Arbeitsrechtsmandate in der Regel dagegen nicht, da der **DGB** den Rechtsschutz für die Mitglieder der Einzelgewerkschaften übernimmt. Eine Übertragung von Mandaten durch Arbeitnehmer erhalten Sie daher nur durch Empfehlung oder einen einschlägigen »guten Ruf« oder aber weil Sie den »Fachanwalt für Arbeitsrecht« erworben haben. Wenigen Anwälten gelingt es auch, sich in Betrieben und Verwaltungen durch eine erfolgreiche Vertretung der Arbeitnehmer so bekanntzumachen, daß praktisch alle Arbeitnehmer in der Firma zu diesen Anwälten gehen, wenn es arbeitsrechtliche Probleme gibt. Erfahrungsgemäß dauert der Aufbau einer solchen Verbindung jedoch einige Jahre.

Eine Möglichkeit steht Ihnen aber bereits zu Anfang offen: Der zufriedene Mandant (vielleicht aus der Bearbeitung des »Knöllchens«) wird Ihnen auch seinen Kündigungsrechtsstreit anvertrauen.

Tip:
Häufig werden Unterlagen für den Kündigungsrechtsstreit nicht rechtzeitig beigebracht oder vereinbarte Folgetermine nicht wahrgenommen. Lassen Sie sich auf jeder Vollmacht bei Übernahme des Mandates quittieren (durch einen entsprechenden Eindruck), daß Sie auf die Folgen einer **Versäumung der Dreiwochenfrist** des § 4 KSchG hingewiesen haben.

4. Das Mandat im Mietrecht

Auch das mietrechtliche Mandat spielt eine häufige, aber auch ungeliebte Rolle. Allgemein gefürchtet sind Beanstandungen wegen der Betriebskostenabrechnungen, da die Bearbeitungszeit in keinem Verhältnis zum Streitwert steht. Anders sieht dies bei einem Kündigungs- bzw. Räumungsrechtsstreit aus oder wenn Mietvertragsentwürfe gefragt sind.

Als **Faustregel** gilt, daß Mietrecht nur dann als Tätigkeitsfeld mit besonderen Bemühungen (Kontakte, Fortbildung) erkoren werden sollte, wenn eine Anbindung an einen **Haus- und Grundbesitzerverein** oder einen **Mieterverein** mit einer gewissen begründeten Aussicht angestrebt werden kann oder bereits besteht. Diese bereiten nämlich die Sache durch Führung des außergerichtlichen Schriftverkehrs derart vor, daß die rechtliche Lage durchleuchtet ist und die Argumentationen feststehen. In der Regel beschränkt sich die anwaltliche Tätigkeit daher auf die Wahrnehmung der Gerichtstermine und Führung des gerichtlichen Schriftverkehrs.

Daneben kann Mietrecht lukrativ sein, wenn man für eine oder mehrere **Hausverwaltungen** tätig ist. Auf der Mieterseite kann man sich dagegen den Ruf als Mieteranwalt nur durch die Mietervereine erwerben. Ohne eine solche Anbindung an Mieterverein oder Grundbesitzerverein lohnt sich eine (insbesondere auch nach außen getragene) Spezialisierung kaum, da die Zahl der Mandate, die nicht von den Vereinen vergeben werden, relativ gering ist und sich in der Regel auf die Anwälte verteilt, die wegen ihrer Zusammenarbeit mit dem jeweiligen Verein als »versiert« gelten. Geben Sie daher als Tätigkeitsschwerpunkt nicht unbedingt »Mietrecht« an, es sei denn, Mietrecht macht Ihnen richtig Spaß.

Beispiele für Gebührenaufkommen aus einzelnen Mietsachen (monatliche Miete 1500 DM kalt; begehrte Mieterhöhung 100 DM; Mietnebenkosten 250 DM/Monat):

Angelegenheit	**Gegenstandswert**	**Honorar**
Räumungsprozeß	Jahresmietzins (§§ 8 I 1 BRAGO, 12 I, 16 II GKG) = 18000 DM	mindestens 1 10/10 Gebühr = 875 DM; bis zu drei Gebühren möglich
Ausspruch einer Kündigung für den Vermieter	wie vor	max. 1 (bis zu) 10/10 Geschäftsgebühr = 875 DM
Prüfung bzw. Entwurf eines einzelnen Mietvertrages	3facher Jahresbetrag (§§ 8 I 3, 8 II 1 BRAGO, 25 II KostO) = 54000 DM	max. 1 (bis) 10/10 Geschäftsgebühr = 1565 DM
Prüfung eines Mieterhöhungsbegehrens	Jahresbetrag des zusätzlich geforderten Mietzinses (§§ 8 I 1 BRAGO, 12 I, 16 V GKG) = 1200 DM	max. 1 10/10 Geschäftsgebühr oder Ratsgebühr = 90 DM
Prüfung einer Nebenkostenabrechnung	maximal der Gesamtbetrag der Jahresnebenkosten (3.000 DM); in der Regel der streitige bzw. unrechtmäßig verlangte Betrag	max. 1 10/10 Geschäftsgebühr oder Ratsgebühr = max. 210 DM

5. Das Mandat im Strafrecht

Vielfach werden besonders Berufsanfänger als Strafverteidiger tätig. Zum Teil bemühen sich junge Kolleginnen und Kollegen besonders um Pflichtverteidigungen oder die Durchführung der entsprechenden **Anwaltsnotdienste**. Deshalb wird dem strafrechtlichen Mandat im Ratgeber eine besondere Bedeutung zugemessen. Demgegenüber stehen nämlich besondere Probleme, die daraus resultieren, daß Berufsanfänger keine Erfahrungen mit dieser in Teilen schwierigen Klientel haben und mit einer gehörigen Portion Naivität an Straftäter herangehen.

Viel Fingerspitzengefühl erfordert es, sich einerseits auch als Strafverteidiger zu etablieren, andererseits nicht Gefahr zu laufen, selbst mit Ermittlungsverfahren überzogen zu werden.

Verinnerlichen Sie, daß der Mandant sich in Schwierigkeiten befindet, nicht Sie! Wenn Sie sich mit dem Mandanten identifizieren, projizieren Sie seine Probleme auf Ihre eigene Person. Halten Sie den notwendigen Abstand zu ihm und seinen Problemen. Wenn Sie den Abstand nicht halten, so wird Ihre **Objektivität** hinsichtlich Akteninhalt und Beweislage zerstört und Sie werden nicht strategisch unter Ausschöpfung aller gesetzlich vorgesehenen Möglichkeiten das Beste für Ihren Mandanten erreichen.

Der Anwalt, der die Schwierigkeiten seines Mandanten auf sich selbst projiziert, wird nicht nur seinen Beruf nicht erfolgreich ausüben können, sondern sich auch alsbald in Behandlung von Seelenärzten begeben müssen, da verinnerlichte Probleme anderer Menschen dauerhaft nicht allein verarbeitet werden können.

Halten Sie also gefühlsmäßig in Ihrem eigenen Interesse so viel Abstand zu Ihren Mandanten wie möglich und bearbeiten Sie die Probleme ausschließlich auf intellektueller Ebene.

Wollen Sie sich einen Ruf als **seriöser Strafverteidiger** erwerben, so beschränken Sie sich bitte darauf, Strafverteidiger zu sein.

Lassen Sie sich nicht darauf ein, daß Sie als »Briefträger« mißbraucht werden, auch wenn der inhaftierte Mandant oder interessierte Dritte mit zusätzlicher Vergütung winken.

Auch Briefe vordergründig harmlosen Inhalts werden durch den seriösen Strafverteidiger nicht an der Postkontrolle vorbei aus der Haftanstalt heraus- oder in die Haftanstalt hineintransportiert. Briefe Dritter an den Mandanten und Briefe des Mandanten an Dritte sind **keine Verteidigerpost** und werden von Ihnen nicht weitergeleitet.

Auch der Brief »an einen guten Bekannten«, der darum gebeten wird, das Verteidigerhonorar zu übernehmen oder zu besorgen, muß durch die **Postkontrolle**. Die Gefahr ist groß, daß der Brief verschlüsselt auch andere Anweisungen enthält. Der Mandant, der dieses nicht vorhat, wird nichts dagegen haben, Ihnen eine Vollmacht zu unterschreiben, damit Sie an seinen guten Bekannten schreiben können. In diesem Falle spricht nichts dagegen, daß Sie einem Verwandten oder Bekannten des Mandanten schreiben, er möge Kontakt zu Ihnen aufnehmen, damit die Honorarfrage geklärt werden könne.

Entwickeln Sie ein gesundes Mißtrauen gegenüber allen Wünschen des Mandanten, die über die reine Strafverteidigung hinausgehen.

Die Weitergabe des Wunsches des Mandanten, der Bekannte XY möge sich doch bitte um die und die Angelegenheit kümmern, könnte durchaus eine Beihilfe zum Wegschaffen von Beweismitteln u. ä. darstellen.

Die Bitte, aus der Ermittlungsakte den Namen und die Anschrift bestimmter Zeugen an eine dritte Person weiterzugeben, führt zur **Zeugenbeeinflussung**. Würde ein offizieller Brief des Mandanten gleichen Inhalts durch die Postkontrolle gehen, würde er beschlagnahmt!

Wenn die Erfüllung derartiger Bitten herauskommt, so haben Sie nicht nur selbst u. U. mit einem Ermittlungsverfahren zu rechnen, vergessen Sie nicht, daß auch der Haftgrund der **Verdunklungsgefahr** manifestiert wird.

Hüten Sie sich vor allen – auch kleinen – Gefälligkeiten, die den Strafprozeßvorschriften, dem Standesrecht und der Berufsethik zuwiderlaufen. Mit der kleinen **illegalen Gefälligkeit** machen Sie sich erpreßbar für größere Gefälligkeiten und danach für die Mitwirkung bei Straftaten. So manche Verteidigerkarriere wurde vernichtet, weil man sich den kleinen Gefälligkeiten nicht entziehen wollte oder konnte!

Thema **Schwarzgeld**:
So verführerisch es auch sein mag, einen Teil des Honorars am Finanzamt vorbei einzustecken – der seriöse Anwalt nimmt kein Schwarzgeld. Mildernde Umstände wird es nicht geben, da der studierte Jurist und praktizierende Anwalt weiß und wissen muß, daß es sich hierbei nicht um ein Kavaliersdelikt handelt. Darüber hinaus müssen Sie damit rechnen, daß Ihr Fall Kantinengespräch in der Justizbehörde wird und Ihre berufliche Reputation außerordentlich leidet.

Sollten Sie trotz dieser Warnung der Meinung sein, sich dem »Volkssport« **Steuerhinterziehung** nicht entziehen zu wollen, so sollten Sie wenigstens beherzigen, bei welcher Art von Mandanten sich dies auf jeden Fall verbietet:

- Der **Steuerstraftäter**. Er wird unter Umständen versuchen, Pluspunkte zu sammeln, indem er im vermeintlich richtigen Zeitpunkt auf Sie zeigt.
- Der **Drogenabhängige**. Er wird »so sicher wie das Amen in der Kirche« darüber sprechen, wenn er sich einen Vorteil davon verspricht.
- Der **Trinker**. Alkohol macht geschwätzig und unkritisch hinsichtlich der Umgebung. Diese Person wird darüber sprechen, sogar ohne sich einen Vorteil davon zu versprechen.
- Der **Schwätzer und Angeber**. Auch dieser Personenkreis ist denkbar ungeeignet, weil er sich damit brüstet, was auf der Welt alles möglich ist.
- Der **Inhaftierte**. Falls es sich nicht um einen hafterprobten Berufsverbrecher handelt, neigt auch dieser Personenkreis zur Geschwätzigkeit, wenn nur die Haft lange genug andauert.

Sie werden unschwer erkennen, daß nicht mehr viele Möglichkeiten übrig bleiben, relativ gefahrlos Schwarzgeld zu vereinnahmen.

Vor diesem Hintergrund kann ich Ihnen nur raten: Verzichten Sie ganz auf schwarze Einnahmen. Beauftragen Sie besser einen guten Steuerberater und nutzen Sie die möglichen **legalen Steuervorteile**.

Sie werden weitaus besser schlafen und letztlich ohne Belastung auch Ihren Beruf wirtschaftlich erfolgreicher ausüben können. Spätestens bei der **Betriebsprüfung** werden Sie ansonsten die Erfahrung machen, daß die Prüfer des Finanzamtes, die öfter Anwaltskanzleien besuchen, genau die Rechnungen nachprüfen, die nach Schwarzgeld »riechen«.

Sie werden auf Mandanten stoßen, die von sich aus unbedingt »schwarz« bezahlen wollen. Dies geschieht – Honorare in Strafsachen werden sehr oft in bar entrichtet –, indem ausdrücklich auf eine Quittung verzichtet wird oder diese Quittung unmißverständlich in Ihrer Gegenwart vernichtet wird. Lassen Sie diese Mandanten ruhig in dem Glauben, der Finanzminister partizipiere nicht an dieser Zahlung. Verbuchen Sie diese Gelder trotzdem als offizielle Einnahme.

Ich weiß, wovon ich spreche. Es gab da einen Mandanten, der meinte über Jahre »schwarz« gezahlt zu haben. Dann kam er mit einem äußerst unseriösen Mandatswunsch und glaubte, mit ausdrücklicher Erwähnung seiner früheren Zahlungsmodalität **Druck** ausüben zu können. Ich ließ mir die Kontenkarten seiner Akten kommen, woraus er sich davon überzeugen konnte, daß in der Kanzlei nichts Unredliches geschehen war. Nach einer deutlichen Aussprache blieb er noch viele Jahre ein guter und honorarträchtiger Mandant, der nie mehr mit unseriösen Anliegen an die Kanzlei herantrat.

Es wird nicht selten vorkommen, daß während des Ermittlungsverfahrens in Haftsachen sehr **hohe Vorschüsse** gezahlt werden. Treffen Sie entsprechende **schriftliche Honorarvereinbarungen**! Haben Sie keine schriftliche Honorarvereinbarung und verlieren – aus welchem Grunde auch immer – zu einem späteren Zeitpunkt das Mandat, so werden Sie einen Vortrag des Mandanten, der Vorschuß sei auch für die Verteidigung im gerichtlichen Verfahren gedacht gewesen, nicht entkräften können und müssen unter Umständen zurückzahlen.

In Haftsachen kommt es auch vor, daß neben der reinen Verteidigertätigkeit **weitere Mandate** anfallen. Dies könnte sein: Kümmern um die Aufrechterhaltung des Mietvertrages, Bemühungen um Erhaltung des Arbeitsplatzes, Kündigung von Versicherungsverträgen und Mitgliedschaft in Vereinen, Abmeldung oder Verkauf des PKW u.v.a.

Sehen Sie diese Tätigkeiten nicht als **Serviceleistung** zum Verteidigungsmandat an, sondern lassen Sie sich für jede einzelne Tätigkeit ein gesondertes Mandat erteilen, das Sie auch gesondert abrechnen können. Haben Sie größere **Honorarvorschüsse** in der Strafsache erhalten, so lassen Sie sich für den Fall, daß absehbar dem Mandanten die finanziellen Mittel ausgehen, eine schriftliche Anweisung geben, die entsprechende Vergütung aus der Strafsache umzubuchen. Sollten Sie später zum **Pflichtverteidiger** bestellt werden, so brauchen diese Gelder, die Sie ja nicht für die Verteidigung erhalten haben, nicht mit den Ansprüchen gegen die Staatskasse verrechnet zu werden. Sollten Sie die Umbuchung erst nach der Bestellung zum Pflichtverteidiger vornehmen, so könnte sich im Einzelfall herausstellen, daß dies nicht zulässig war, und Sie bekommen Schwierigkeiten, zumindest haben Sie dann die gleiche Arbeit für weniger Geld geleistet.

Hinsichtlich der Anrechnung der Gelder, die Sie vom Mandanten oder von Dritten für die Verteidigertätigkeit erhalten haben, auf die Ansprüche, die Sie gegen die Staatskasse erworben haben, verweise ich nochmals auf meinen Beitrag unter dem Kapitel **Gebühren**.

Es spricht nichts dagegen, daß der Junganwalt, der Strafrecht zu seinem Interessengebiet macht, den in Frage kommenden Strafrichtern und Vorsitzenden seine Aufwartung macht und sein Interesse bekundet, als Pflichtverteidiger beigeordnet zu werden.

Auch wenn Sie regelmäßig beigeordnet werden sollten, achten Sie darauf, nicht den Ruf des »pflegeleichten Pflichtverteidigers« zu erwerben, sondern riskieren Sie, falls eine ordentliche Verteidigung dies erforderlich macht, auch den Unmut des Gerichts, das Sie beigeordnet hat. Auch als Pflichtverteidiger haben Sie ausschließlich die bestmögliche Verteidigung Ihres Mandanten und nicht das Wohlwollen der Richter im Auge zu behalten.

Es kann für Sie auch nicht von wirtschaftlichem Interesse sein, auf dem Sektor des Strafrechts dauerhaft darauf angewiesen zu sein, daß Ihnen Pflichtverteidigungen übertragen werden.

Eine Pflichtverteidigung vor der großen Strafkammer mit Hauptverhandlung bringt Ihnen ein Honorar von 480 DM ein, die gleiche Tätigkeit als **Wahlverteidiger** kann durchaus einen Betrag von 1520 DM einbringen. Dies ist die gesetzliche **Höchstgebühr**. Dem Wahlverteidiger sind aber darüber hinausgehende Honorarvereinbarungen möglich. Haben Sie über den 1. Hauptverhandlungstag hinaus weitere Hauptverhandlungstage, so erhält der Pflichtverteidiger 380 DM, der Wahlverteidiger als gesetzliche Höchstgebühr 760 DM.

Da der pflegeleichte Dauerpflichtverteidiger sich niemals den Ruf des guten Verteidigers erwerben wird, werden Sie dauerhaft an Ihren Bankauszügen ablesen können, ob Sie für Ihren Mandanten die objektiv beste Verteidigung geführt haben, denn nur dann wird Ihr Ruf als guter Strafverteidiger dazu führen, daß Sie auch die finanziell weitaus lukrativeren **Wahlmandate** erhalten.

Noch ein Letztes zum Thema Strafverteidiger: Es scheint ein unausrottbares Vorurteil zu sein, daß der Verteidiger, der nicht von der **Unschuld seines Mandanten** überzeugt ist, nicht bis zum **Freispruch** verteidigen könne. Es ist nicht Ihre Aufgabe, die Unschuld Ihres Mandanten darzulegen und zu beweisen. Der Mandant ist solange unschuldig, wie die Staatsanwaltschaft nicht entsprechendes Beweismaterial vorlegt und das Gericht dem Beweisergebnis durch Schuldspruch gefolgt ist. Sie sind nicht der gesetzliche Richter, der den Mandanten in der Vorinstanz verurteilt. Ihre ureigenste Aufgabe ist es, so viele Zweifel an der Schuld Ihres Mandanten zu säen, daß das Beweisergebnis zu einer Verurteilung nicht ausreicht.

Der gute Verteidiger wird durch geschickte Prozeßführung und gutes Plädoyer so viele Zweifel säen können, daß selbst der Freispruch eines schuldigen Angeklagten möglich ist, während der schlechte Verteidiger so auf die Unschuld seines Mandanten fixiert ist, daß er die Zweifel an der Beweisführung nicht ausreichend herausarbeitet und durch eine derart handwerklich schlechte Verteidigung u. U. sogar die Verurteilung eines objektiv Unschuldigen erfolgt.

Da die meisten Mandanten auf ihre Unschuld fixiert sind (auch wenn sie tatsächlich schuldig sind), muß ihnen die entsprechende **Verteidigungsstrategie** erläutert werden. Da es unmöglich ist, daß man »oben in den Verteidiger Geld hineinsteckt und unten die gewünschte Verteidigung herauskommt«, sollte das Mandat nicht angenommen oder rechtzeitig niedergelegt werden, falls die Strategie des Verteidigers und die Vorstellung des Mandanten nicht zu vereinbaren sind.

Diese Regel gilt übrigens nicht nur für das strafrechtliche Mandat. Sollten Ihnen zu Anfang Ihrer Tätigkeit berechtigte Zweifel an der korrekten Ausübung Ihrer Verteidigertätigkeit kommen, so wenden Sie sich vertrauensvoll an einen älteren und gestandenen Strafverteidiger, der aller Erfahrung nach mit Rat und Tat - unentgeltlich - gern zur Seite steht. Eine kleine, sehr persönliche Aufmerksamkeit - keinesfalls in aufdringlicher Dimension - sollte Ihnen der Rat wert sein und wird allgemein wohlwollend zur Kenntnis genommen.

Suchen Sie sich jedoch einen wirklich **seriösen älteren Kollegen** aus. Dies wird im allgemeinen nicht der sein, der oft spektakulär in der Zeitung steht.

6. Das Mandat im Familienrecht

Viele Hausanwälte leben von den familienrechtlichen Mandaten und arbeitsrechtlichen Kündigungsschutzklagen, die die gebührenmäßige Schmalkost der Fälle des täglichen Lebens ausgleichen. Deswegen gab es auch gegen die Einführung des Fachanwaltes für Familienrecht anhaltenden Widerstand aus der Anwaltschaft.

Typische Mandate sind die **Unterhaltsberechnung** oder **Geltendmachung von Unterhalt**, die **Ehescheidung**, aber auch **Eheverträge** und **Verträge für die Nichteheliche Lebensgemeinschaft**. Insbesondere bei den letztgenannten Handlungsfeldern können Sie Beratungsbedarf wecken, indem Sie darauf hinweisen, wie problematisch ein ungeregelter Zustand sein kann. Die Mandate im Ehe- und Familienrecht gehören zu den lukrativeren Mandaten, die in einer Allgemeinkanzlei anfallen. Wegen der Anwaltsgebühren bei den vielfältigen Angelegenheiten kann hier nur auf die weiterführende Literatur (BRAGO-Kommentare, Familienrechtshandbücher) hingewiesen werden.

Die Zukunft gehört der **nicht-streitigen Ehescheidung**. Die Zeiten, in denen die beteiligten Anwälte mit einem beträchtlichen Teil des Ehevermögens an einer sehr streitig durchgeführten Scheidung partizipierten, sind - glücklicherweise - vorbei. Unter dem Stichwort

»Mediation« werben neuerdings Anwälte um das verlorengegangene Vertrauen der Mandantschaft. Bei der Mediation lassen sich die Scheidungswilligen bei einer Rechtsanwältin bzw. einem Rechtsanwalt objektiv beraten und versuchen, eine gütliche Trennung in moderierten Gesprächen zu vereinbaren. Da meistens **Kommunikationsstörungen** der Hintergrund des Scheiterns der Ehe sind, begleitet die Gesprächssitzungen neben der Juristin oder dem Juristen eine Therapeutin bzw. ein Therapeut. Auch hier tut sich – bei seriöser Fortbildung – ein **zukunftsträchtiges Betätigungsfeld** für jüngere Kolleginnen und Kollegen auf.

Eine Möglichkeit, hier in der Öffentlichkeit aufzutreten, ist die Zusammenarbeit mit entsprechenden **Interessengruppen** (Kinderschutzbund, Vereinigungen von Vätern nichtehelicher Kinder o.ä.), z.B. durch das **Halten eines Referats** auf einschlägigen Veranstaltungen. Es sprechen keine berufsrechtlichen Bedenken dagegen, daß Sie von sich aus an entsprechende Organisationen herantreten.

X. Die Berufsorganisationen

1. Die Anwaltsvereine

Der Deutsche neigt zur Vereinsbildung. Logisch, daß es auch einen Verein für die Anwälte gibt. Der Kölner Anwaltsverein macht Junganwälten gar ein verlockendes Angebot: Freie Mitgliedschaft in den ersten zwei Jahren nach der Zulassung. Wer kann dazu schon nein sagen! Nach Ablauf der Schonfrist wird der volle Beitrag fällig, das sind zur Zeit 250 DM **Jahresbeitrag**.

Außer politischer Lobbyarbeit über den Deutschen Anwaltsverein auf Bundesebene und der Kontaktpflege innerhalb der Rechtspflegeorgane, der Veranstaltung von Bällen und ähnlichem steht bei den Anwaltsvereinen die **Fortbildung** im Vordergrund. Hierzu werden regelmäßig Veranstaltungen mit anerkannten Spezialistinnen und Spezialisten zu kleinen Preisen angeboten. Zweck der Vereine ist vor allem aber die Wahrung, Pflege und Förderung beruflicher und wirtschaftlicher Belange der Mitglieder. Die Anwaltsvereine sind außerdem sozial engagiert und unterhalten **Notdienste in Strafsachen** und **Rechtsberatungsstellen**.

Daneben dienen die Anwaltsvereine auch dem gesellschaftlichen Kontakt ihrer Mitglieder. Weitere Serviceleistungen variieren von Ort zu Ort und sollten daher erfragt werden. Die Anwaltsvereine unterhalten meist **Geschäftsstellen** in oder in der Nähe der Landgerichte.

Der **Deutsche Anwaltverein** schließt auch **Rahmenverträge** mit bestimmten Herstellern oder Dienstleistern, um den Mitgliedern **Sonderkonditionen** zu erschließen. So konnte z. B. kürzlich ein Rahmenvertrag mit **Mannesmann Mobilfunk** geschlossen werden, dem Betreiber des D 2 Netzes. Auf die Hardware wird danach ein Preisnachlaß von 15 % gewährt. Die Anschlußgebühr in Höhe von 43,39 DM entfällt für Mitglieder. Der Basispreis je Monat ist um 25 % reduziert und beträgt zur Zeit 51 DM anstelle von 68 DM. Der Einzelentgeltnachweis

(Liste mit den geführten Telefonaten) ist für DAV-Mitglieder kostenlos (ansonsten 4,40 DM).

Außerdem gibt es Vergünstigungen im Rahmen der sogenannten **AnwaltCard** (Rabatte auf Seminare der Deutschen Anwalt Akademie, Telefonchip für bargeldloses Telefonieren u.v.m.).

Neben den Anwaltsvereinen gibt es weitere Standesorganisationen, wie z. B. den Republikanischen Anwaltsverein.

Anschriften:

DAV-Geschäftsstelle Bonn
Adenauerallee 106
53113 Bonn
Telefon (02 28) 26 07–0
Telefax (02 28) 26 07–46

DAV-Büro Berlin
Mohrenstraße 63/64
10117 Berlin
Telefon (0 30) 2 29 26 17
Telefax (0 30) 2 29 26 17

Republikanischer Anwaltsverein
30175 Hannover
Ellernstraße 13
Telefon (05 11) 81 60 61
Telefax (05 11) 81 37 69

2. Die Rechtsanwaltskammer

Die Zugehörigkeit zum Anwaltverein ist in Ihr Belieben gestellt; gleichwohl ist sie eine Frage der Vernunft. Die Zugehörigkeit zur Kammer dagegen ist nicht freiwillig. Man spricht daher von **Zwangsmitglied-**

schaft. Unmittelbar nach der Zulassung übersendet Ihnen die Anwaltskammer Informationen. Darunter befindet sich auch ein Fragebogen, den Sie ausfüllen müssen. Unter anderem werden Sie auch um die Angabe von **bis zu fünf Rechtsgebieten**, auf denen Sie tätig werden möchten (für Berufsanfänger kommen in der Regel nur die Nennung von bis zu fünf **Interessenschwerpunkten** in Betracht), gebeten. Nutzen Sie diese Möglichkeit, auf sich aufmerksam zu machen. Die Angaben Ihrer Kolleginnen und Kollegen vor Ort können Sie der **JURIS-CD-ROM** zum Gebühren- und Kostenrecht (ca. 1000 DM) entnehmen. Die sich daraus häufig ergebenden Lücken sollten Sie bei entsprechender Neigung besetzen. Die Schwerpunkte können leider nicht frei benannt werden, sondern sind nach einem Schlüssel vorgegeben. Dieser nimmt auf die **Fachanwaltsbezeichnungen** ungebührlich Rücksicht.

Warum soll nicht auch ein Berufsanfänger den **Interessenschwerpunkt Arbeitsrecht oder Steuerrecht** nennen dürfen? Weshalb kann er diesen – wegen des fehlenden Gebietes im Schlüssel – auf dem Bogen der Anwaltskammer nicht angeben, obwohl die Rechtsprechung eine Verwechselbarkeit von Fachanwaltsbezeichnungen und der Angabe von Tätigkeits- und Interessenschwerpunkten nicht sieht und deshalb die Nennung entprechender Angaben in Telefonverzeichnissen und auf Briefköpfen zuläßt?

Gerne wird auch kolportiert, daß der Anwaltverein die Mutter des Anwalts ist und die Kammer der Vater. Gemeint ist damit die überkommene Rollenverteilung mit autoritärem Vater und gutmütiger hilfreicher Mutter. Ein wenig Wahres ist daran, da die Kammer praktisch die **freiwillige Selbstkontrolle der Anwaltschaft** darstellt und dem Anwalt daher häufig kontrollierend, überwachend, mahnend oder sanktionierend gegenübertritt. Nicht selten schützt die Kammer aber auch vor unberechtigten Anwürfen querulatorisch veranlagter Mandantinnen und Mandanten.

Die Kammer führt eine **Personalakte**. Außerdem gibt sie Rechtsuchenden auf Anfrage **Auskunft über Spezialisierungen** nach einer Selbsteinschätzung der Anwälte in einem Fragebogen.

Der **Kammerbeitrag** beträgt derzeit 50 DM pro Monat, d. h. 600 DM pro Jahr.

XI. Marketing – Anwaltswerbung

Literatur:

- Falkenhausen von, Einzelfragen zur Anwaltswerbung, AnwBl 1994, 513
- Mauer/Krämer, Marketing-Strategien für Rechtsanwälte, 1996
- Ring, Anwaltliche Werbung von A-Z, 1996
- Schiefer/Hocke, Marketing für Rechtsanwälte, 1996

1. Die Notwendigkeit von Werbung

Als neu zugelassene Kollegin oder frischgebackener Kollege sind Sie mehr als alteingesessene Kanzleien auf Werbung angewiesen. Während diese bereits vor Ort oder auch überregional bekannt sind und Mandate durch **Weiterempfehlung** von zufriedenen Mandanten oder Kooperationspartnern erhalten, weiß von Ihrer Niederlassung noch niemand. Sie müssen sich aber über Ihren Bekanntenkreis hinaus, sei dieser noch so groß, bekanntmachen, wenn Sie eine auf Dauer wirtschaftliche **Mandantenstruktur** anstreben. Zu diesem Zweck müssen Sie sich wie jeder Unternehmer der üblichen Marketinginstrumente bedienen. Die Zulässigkeit von Werbung ergibt sich aus dem **Grundrecht der Berufsfreiheit** nach Art. 12 GG. Dabei sind allerdings die Besonderheiten der Tätigkeit als Anwalt als auch standesrechtliche Beschränkungen zu beachten.

Das **Berufsrecht** ist insbesondere im Hinblick auf die Marketingmöglichkeiten für Anwälte im Umbruch. Die Richtung weist hin zu mehr Freiheit und weniger Reglementierung. Früher reichte es aus, wenn der Junganwalt in der Kanzlei auf Mandanten wartete. Werbende Aktivitäten wurden als standeswidrig und mit dem Berufsbild als unvereinbar angesehen. Selbst heute müssen dynamischere Junganwälte damit rechnen, sich für ihr Dienstleistungsbewußtsein im Einzelfall rechtfertigen zu müssen. Berufsfreiheit ohne die Möglichkeit, über die angebotene Leistung zu informieren, ist unvorstellbar. Es ist nicht einzusehen, warum Anwälte die Öffentlichkeit nicht über Erfahrungen, Kenntnisse und Tätigkeitsschwerpunkte informieren dürfen sollten. Auch der Verbraucher hat ein Anrecht darauf zu wissen, mit wem er es zu tun hat und was er erwarten kann. Ebenso wie beim Arzt hat der Mandant ein **Recht auf Information** darüber, ob der aufgesuchte Anwalt das konkrete Problem überhaupt lösen kann. Niemandem kann zugemutet werden, mit Bauchschmerzen an einen Zahnarzt zu geraten. Die zur Zeit geführte Diskussion über die Gewährleistung von Qualität in der Kanzlei (ISO-2000) wäre teilweise überflüssig, wenn der Verbraucher selbst wohlinformiert den auf seinen Fall zugeschnittenen Berater aussuchen könnte.

Der **Generalist** ist weitgehend erledigt. Er trifft zunehmend auf spezialisierte Gerichte und Gegner. Der Alleskönner war und ist eine Legende. Die Ansprüche der Mandanten an die anwaltliche Leistung steigen zudem. Damit stirbt der Haus- und Vertrauensanwalt nicht aus, im Gegenteil. Wie beim Hausarzt sollte dieser sich aber davor hüten, kompliziertere Operationen selbst vorzunehmen. Der verantwortungsbewußte **Hausanwalt** wird Fälle, die er aufgrund der außergewöhnlichen Schwierigkeit des Falles nicht sachgerecht zu bearbeiten vermag, an einen entsprechend qualifizierten Rechtsanwalt »überweisen«, wenn er das Vertrauen des Mandanten auch zukünftig genießen will.

Mit sachlicher Information nicht zu verwechseln ist die **reklamehafte Werbung** mit reißerischen Angaben (»erfolgreichste Zwangsvollstreckung«) oder in der Wirtschaft üblichen, aber wenig aussagekräftigen und nicht überprüfbaren Werbesprüchen (»gut ist uns nicht gut genug«). Ein reklamehaftes Werben ist dagegen nicht bereits in einer **Zeitungsannonce** an sich zu sehen. Man darf wohl davon ausgehen, daß sachlich informierende und zurückhaltende Zeitungsannoncen inzwischen als zulässig anzusehen sind, auch ohne einen entsprechenden **Anlaß**. Unzulässig sind dagegen weiterhin **Werbemethoden**, die reklamehaft sind, wie **Postwurfsendungen**, bezahlte Werbung in Funk und Fernsehen oder auf Werbetafeln. Es versteht sich von selbst, daß auch die Aufmachung einer an sich sachlich informierenden Annonce unzulässig sein kann (z. B. beim Einsatz von nicht zur anwaltlichen Tätigkeit passenden **Blickfängen**).

2. Schwerpunktangaben

Zukünftig wird berufsrechtlich die bisher umstrittene Angabe von **Schwerpunktangaben** (insgesamt fünf Interessen- und/oder Tätigkeitsschwerpunkte, von denen drei Tätigkeitsschwerpunkte sein dürfen) erlaubt sein.

Tätigkeitsschwerpunkte sind Gebiete, auf denen der Anwalt bereits über das normale Maß hinaus Erfahrungen gesammelt hat. Die Berufsordnung geht von einer **mindestens zweijährigen nachhaltigen Tätigkeit aus**. Dies braucht wohl entgegen dem Text (»nach der Zulassung«) nicht notwendigerweise eine Tätigkeit als Anwalt sein (vgl. BGH vom 19. 6. 1995 – AnwZ (B) 2/95, NJW 1995, 2717). Ausreichend ist vielmehr, wenn die Tätigkeit der anwaltlichen vergleichbar ist (Justitiar bei einem Verband; Tätigkeit in der Rechtsabteilung einer Behörde etc.).

Interessengebiete sollen demgegenüber Rechtsgebiete sein, auf denen noch keine Erfahrung bestehen muß, an denen aber ein Interesse und die Absicht, auf diesen Gebieten tätig zu werden, besteht.

Diese Definition kollidiert mit der Rechtsprechung, die bisher nahezu einhellig Tätigkeitsschwerpunkte als Angabe über zukünftige Betätigungsfelder betrachtet hat. Nicht notwendig für die Zulässigkeit der Angabe von entsprechenden Feldern war daher bisher Erfahrung in den genannten Tätigkeitsschwerpunkten.

Die in der neuen **Berufsordnung (BORA)** vorgesehenen Regelungen zur Werbung und Angabe von Interessen- und Tätigkeitsschwerpunkten sehen wie folgt aus:

Vorläufiger Beschluß der Satzungsversammlung für eine neue Berufsordnung (Auszug)

§ 1 Interessen- und Tätigkeitsschwerpunkte

Der Rechtsanwalt/Die Rechtsanwältin darf über die Kundgabe von Fachanwaltsbezeichnungen hinaus Teilgebiete der Berufstätigkeit als Interessen- und/oder Tätigkeitsschwerpunkte angeben. Als Tätigkeitsschwerpunkte dürfen höchstens drei Teilgebiete genannt werden, sofern der Rechtsanwalt/die Rechtsanwältin mindestens zwei Jahre nach Zulassung auf diesem Gebiet nachhaltig tätig gewesen ist. Insgesamt sind höchstens fünf Schwerpunktangaben zulässig. Interessen- und Tätigkeitsschwerpunkte sind als solche zu bezeichnen.

§ 2 Werbung

(1) Die Rechtsanwältin/Der Rechtsanwalt darf über ihre/seine Dienstleistung und ihre/seine Person informieren, soweit die Angaben sachlich unterrichten und berufsbezogen sind.

(2) Die Rechtsanwältin/Der Rechtsanwalt darf in keiner Weise daran mitwirken, daß Dritte für ihn Werbung betreiben, die ihr/ihm selbst verboten ist/sind.

(3) Bezahlte Werbung in Radio, Fernsehen, Kino und auf öffentlichen Reklameflächen ist unzulässig.

(4) Praxisbroschüren, Rundschreiben und andere vergleichbare Informationsmittel sind zulässig. Hierin dürfen über die Beschränkungen des § 1 hinausgehende Angaben gemacht werden.

(5) Die Angabe von Erfolgsziffern und Umsatzzahlen ist unzulässig. Hinweise auf Mandate und Mandanten sind nur in den in Absatz 4 benannten Werbeträgern oder auf Anfrage zulässig, soweit der betroffene Mandant in seine Benennung eingewilligt hat.

3. Die Gestaltung des Briefkopfes und anderer Drucksachen

Bei der Aufmachung der Drucksachen müssen Sie aus berufsrechtlichen Gründen **auffällige und übertriebene Gestaltungen** vermeiden. Diese Beschränkung liegt aber auch in Ihrem ureigenen Interesse, da Sie wegen Ihres Ansehens in der Bevölkerung und bei Ihren Mandanten auf seriöses Auftreten bedacht sein müssen.

Erlaubt sind:

- die farbige Gestaltung der Drucksachen (Feuerich/Braun, § 43 b BRAO Rn. 35)
- die Verwendung eines Logos (a. A. aber noch die wohl nicht nur tatsächlich überholte Entscheidung BGH, NJW 1985, 2959)
- die Angabe akademischer Grade
- die Angabe des privaten Wohnsitzes
- die Angabe des privaten Telefonanschlusses
- Hinweise auf Verkehrsverbindungen und Anfahrtsbeschreibungen
- Hinweise auf Parkmöglichkeiten
- die Angabe der Büroöffnungszeiten, auch Dienstleistungsabend
- die Angabe erworbener Fachanwaltsbezeichnungen
- Hinweise auf Tätigkeits- und Interessenschwerpunkte
- anerkannte Berufsqualifikationen und ehemalige Ämter (allerdings nur mit dem Zusatz »a. D.«)
- die Angabe von Sprachkenntnissen
- Kooperationen mit ausländischen Kolleginnen und Kollegen
- verfestigte Kooperationen (»Netzwerke«) mit anderen Kanzleien

4. Das Praxisschild

Zur notwendigen Ausstattung einer Anwaltspraxis gehört das Anbringen eines Praxisschildes. Wird dies unterlassen, kann dies zum Entzug der Anwaltszulassung führen. Bei Zahl, Größe und Form des Kanzleischildes ist zu beachten, daß ein »reklamehaftes« Erscheinungsbild aus berufsordnungsrechtlichen Gründen vermieden wird. Die Gestaltung des Kanzleischildes sollte sich an der Hausfassade oder dem Erscheinungsbild Ihrer Drucksachen orientieren. Heute wird man sowohl ein dezentes Logo als auch eine farbliche Gestaltung für zulässig halten. Die verbreitete Schlichtheit können Sie also wählen, müssen dies aber nicht. Auch die Aufstellung im Rahmen eines üblichen Schilderständers neben dem Eingang ist zulässig. Selbst die **Beleuchtung des Praxisschildes**, jedenfalls innerhalb der Bürozeiten, wird inzwischen als unbedenklich angesehen (OLG Düsseldorf, NJW 1988, 1037). Als Berufsanfänger sollte man sich einen Überblick über Gestaltungsmöglichkeiten bei anderen Kanzleien oder Arztpraxen verschaffen. Bei einem Umzug kann am aufgegebenen Kanzleisitz für einen vorübergehenden Zeitraum (m. E. bis zu einem halben Jahr) ein Hinweis auf den Umzug angebracht werden.

Zulässige Angaben auf dem Praxisschild sind:

- Bezeichnung der Kanzlei
- Logo
- Adresse
- Telefon- und Telefaxnummer
- Bürozeiten
- Angaben zum Dienstleistungsabend
- Angaben zu Interessen- und Tätigkeitsschwerpunkten (OLG Stuttgart, NJW 1992, 2835)
- die Angabe »Strafverteidiger« (OLG Stuttgart, NJW-RR 1990, 430; a. A. BGH, NJW 1992, 45) oder »Strafverteidigungen« (OLG Karlsruhe, NJW-RR 1995, 640; BGH, NJW 1994, 2284)
- wohl auch der Zusatz »Transport- und Versicherungsvertragsrecht« (vgl. BVerfG, NJW 1995, 712)

Da die **Kosten** eines ansprechenden Kanzleischildes erheblich sein können (von mehreren hundert bis über 1000 DM), sollten Sie sich frühzeitig Gedanken über die Angaben auf dem Schild machen. Bedenken Sie, daß sich **Angaben zu Interessen- und Tätigkeitsschwerpunkten** ebenso wandeln können wie die Bürozeiten oder die zeitliche Lage des Dienstleistungsabends.

5. Visitenkarten

Die Visitenkarten sollten sich im Hinblick auf eine angestrebte Corporate Identity (CI) an der Gestaltung Ihrer sonstigen Drucksachen orientieren. Eine derartige Präsentation der Kanzlei wirkt nicht nur geordnet, sondern prägt sich auch besser ein.

Auf den Visitenkarten können im Prinzip die gleichen Hinweise gegeben werden wie im Briefkopf. Aus Platzgründen werden Sie hier jedoch eine Auswahl nach Wichtigkeit vornehmen. Unverzichtbar ist heutzutage die Angabe einer Telefaxnummer. Fortschrittlich wirkt die Angabe einer E-Mail-Adresse.

Es wird als unzulässig angesehen, Visitenkarten anderen Personen zur Weiterempfehlung zu überlassen (Feuerich/Braun, § 43 b BRAO Rn. 101). Meines Erachtens ist diese Auffassung realitätsfern und im übrigen folgenlos, da in zulässiger Weise **Empfehlungen durch Dritte** ohne weiteres mündlich gegeben werden können.

6. Werbeanzeigen

Sicherlich haben Sie bereits auf die Behandlung des Themas »Kanzleieröffnungsanzeige« gewartet. Der Kanzleieröffnungsanzeige kommt zukünftig nicht mehr die überragende Bedeutung zu wie in der Vergangenheit. Hintergrund ist, daß Anzeigen nunmehr auch ohne einen besonderen Anlaß zulässig sind.

Unbekannte oder fachlich spezialisierte Kanzleien sind darauf angewiesen, ihre Existenz dem Ratsuchenden bekanntzugeben. Ein auf der Hand liegendes Informationsmedium hierzu ist die bezahlte Anzeige in Zeitungen. Bisher wurden Anzeigen von Anwaltskanzleien nur in folgenden Fällen als zulässig angesehen:

- Sozien
- Urlaubsantritt und Praxiseröffnung
- Praxisübernahme
- Praxisverlegung
- Veränderungen der Zulassungsorte
- Anerkennung als Fachanwalt
- Bestellung zum Wirtschaftsprüfer oder Steuerberater
- Einrichtung auswärtiger Sprechtage und Zweigstellen
- Ein- und Austritt von Sozien

Dementsprechend hat das BVerfG (NJW 1992, 1614) noch toleriert, daß einem Anwalt grafisch hervorgehobene Inserate verboten wurden. Diese Rechtsprechung ist heute nicht mehr maßgeblich. Beachten

Sie dies bitte, wenn Sie entsprechende Entscheidungen lesen oder wenn diese Ihnen vorgehalten werden. Nach derzeitiger Rechtslage können Anzeigen **ohne jeglichen Anlaß** geschaltet werden (Feuerich/Braun, BRAO § 43 b Rn. 60f.). Die Rechtsprechung hat diese Auffassung in einer neuen Entscheidung bestätigt (OLG Hamm, AnwBl 1996, 470).

Die neue **Berufsordnung** (BORA) wird nur noch und ausdrücklich bezahlte Werbung in Funk, Fernsehen und auf Plakatwänden untersagen. Es steht also nicht zu erwarten, daß uns renommierte Kolleginnen und Kollegen demnächst wie »Meister Propper« von Häuserwänden aus zublinzeln.

Bei der Anzeige ist darauf zu achten, daß der Text nicht reklamehaft ist, sondern informativ. Verboten ist ein schlagwortartiges Sich-Herausstellen **ohne Informationsgehalt** (»zügige Forderungsbeitreibung«, vgl. OLG Celle, BRAK-Mitt.1996, 45).

Dagegen bestehen Beschränkungen im Hinblick auf die Reichweite einer Anzeige nicht mehr. Selbst ein nur regional tätiger Anwalt kann durch Anzeigen in überregionalen oder internationalen Zeitschriften inserieren. Nach Erfahrung der Autoren ist die Reaktion auf Anzeigen in der örtlichen Presse deutlich geringer als bei Anzeigen in Zeitschriften, die ein besonderen Qualifikationen des Anwaltsbüros entsprechendes Nachfrageprofil (z. B. Verbandszeitschriften) aufweisen.

In den Anzeigen darf auch über den bisher üblichen Rahmen hinaus sachlich informiert werden. Eine Praxisverlegungsanzeige mit dem Hinweis auf Recherchen bei der JURIS-Datenbank als Tätigkeitsschwerpunkt eines Rechtsanwalts ist ein zulässiges Informationsangebot (EGH Schleswig-Holstein, NJW 1993, 1340). Entsprechendes wird nun auch für anlaßlose Anzeigen gelten. Sie dürfen also in der Anzeige auch auf **Tätigkeits- und Interessenschwerpunkte** hinweisen.

Auch wenn Sie nun jederzeit und nicht nur zur Eröffnung eine Anzeige schalten können: Gleichwohl sollten Sie Ihre Kanzleieröffnung wie bisher üblich anzeigen. In der Regel wird die zwei- bis dreimalige Anzeige in den örtlich einschlägigen Zeitschriften genügen. Sie können zwar auch zehnmal ihre Kanzleieröffnung inserieren, da die berufsrechtlichen Beschränkungen nicht mehr gelten. Aber Werbung kostet auch Geld. In einer der Anzeigen sollten Sie (auch um die unterschiedliche Resonanz zu testen) ruhig einmal gut durchdachte Schwerpunktangaben machen.

Die Anzeige sollte sich von der grafischen Gestaltung eng an Ihre Drucksachen anlehnen, um einen »**Wiedererkennungseffekt**« zu erzielen. Wenn Sie ein **Logo** verwenden, sollte auch dieses in der Anzeige auftauchen.

Sie sollte deutlich erkennbar sein und an guter Stelle plaziert sein. So finden sich in örtlichen Zeitungen häufig Anzeigenplätze neben der Mitteilung der ärztlichen Notdienste, der Fußballergebnisse oder ähnlicher Mitteilungen, die entweder aufmerksam gelesen oder sogar ausgeschnitten werden. Was nützt Ihnen eine Anzeige, die in einem Meer von anderen Anzeigen untergeht. Sprechen Sie daher Ihre Plazierungswünsche an. Zahlen Sie eine Mehrpreis für einen guten Platz, denn hierbei geht es meistens nicht darum, ob die Anzeige besser oder schlechter gesehen wird, sondern darum, ob Ihre Annonce überhaupt gesehen wird.

Bürozeiten sollten Sie nur angeben, wenn Sie sie auch einhalten können. Sofern Sie ungewöhnliche Bürozeiten haben (Dienstleistungsabend oder Offener Mittwochnachmittag), dann sollten Sie dies in der Anzeige auch angeben. Nachteilig ist allerdings, daß Sie danach an diese Zeiten mehr oder weniger gebunden sind.

Der Text einer Eröffnungsanzeige könnte z. B. wie folgt aussehen:

Arnold Advocatus Rechtsanwalt

Tätigkeitsschwerpunkte
Arbeitsrecht, Verkehrsrecht und Verwaltungsrecht

Der Justizminister hat mich am 19. 7. 1995 zur Rechtsanwaltschaft zugelassen. Am 1. 9. 1995 werde ich meine Kanzlei in Köln eröffnen.

ggf. Anfahrtshinweise/Öffnungszeiten

■ Adresse, Telefon und Telefax ■

7. Die Kanzleieröffnung

Zulässig sind **Kanzleieröffnungsfeiern**, die zweckmäßigerweise erst dann stattfinden sollte, wenn das Büro steht. Verfassen Sie eine originelle Einladung und senden Sie diese nicht nur an Ihre Mandanten und Ihren Bekanntenkreis.

Auch wenn hierzu keine Rechtsprechung vorliegt: Unbedenklich wird die Einladung von **Repräsentanten** der örtlichen Gerichte, Verwaltungen sowie des zuständigen Anwaltvereins und der Anwaltskammer sein. Sie können sich mit einer Einladung auch bei Ihren Ausbilderinnen und Ausbildern aus der Referendarzeit in Erinnerung rufen und sich auf diesem Wege gleichzeitig für die gute Ausbildung bedanken.

Vergessen Sie nicht, Ihre **Hausbanken** einzuladen und die **Unternehmen**, die die Kanzlei hergerichtet oder ausgestattet haben. Sofern Sie Mitglied in einem Verein sind, kommt auch die Einladung an den Vorstand in Betracht. Als weitere Adressaten einer Einladung kommen Ihre Kolleginnen und Kollegen aus dem Referendariat in Betracht. So manches Mandat kann durch nunmehr in Unternehmen oder Verwaltungen beschäftigte oder andernorts als Anwälte niedergelassene Bekannte aus der gemeinsamen Ausbildungszeit hereinkommen. Denken Sie auch an Anwältinnen und Anwälte, mit denen Sie bereits kooperieren (Verkehrsanwälte und Kanzleien, mit denen Sie fachlich zusammenarbeiten).

Wirkungsvoll kann auch ein Hinweis auf die Kanzleieröffnung und die Eröffnungsveranstaltung an die örtliche und regionale **Presse** sein. Häufig senden diese redaktionelle Vertreter, die anschließend auf die Eröffnung und die Veranstaltung in den Zeitungen hinweisen. Wenn es auch für Rechtsanwälte erlaubt ist, in Anzeigen auf die Eröffnung hinzuweisen, dürfte auch gegen eine – in anderen Branchen ohnehin übliche – kurze redaktionelle Notiz in der Zeitung nichts einzuwenden sein.

8. Sommerfeste und ähnliche Veranstaltungen

Der unentbehrlichen Bindung zwischen Mandant und Anwalt förderlich können auch **periodisch wiederkehrende Feiern** sein, z. B. zum einjährigen Bestehen oder anderen Jubiläen, aber auch jährliche Veranstaltungen wie z. B. ein Sommerfest. Daneben können Sie sich dadurch bei Ihren Mandanten bedanken, die letztlich für Ihren beruflichen Erfolg mitverantwortlich sind. Die nähere Ausgestaltung (Reden der Anwälte oder einzelner Gäste, Quantität und Qualität von Speisen und Getränken, Rahmenprogramm, Ort und Zeit der Veranstaltung; Zahl und Auswahl der eingeladenen Mandanten) hängt von der Mandantenstruktur und den Intentionen der Kanzleimitglieder ab. Eine Allgemeinkanzlei mit junger Mandantenstruktur könnte ein familienfreundliches Rahmenprogramm im Freien mit Hüpfburg und Pferdekutschenfahrt anbieten. Eine Kanzlei mit gewerblichen Mandanten wird dagegen eher kulturelle Veranstaltungen oder Veranstaltungen mit Erlebniswert anbieten (gemeinsamer Besuch eines Sportturniers, Einladung zu einer Ballonfahrt, Buchung einer Sondervorstellung in einem kleinen Theater oder Kabarett u. ä). Ihrem Einfallsreichtum sind – abhängig von der Größe Ihrer Spendierlaune – keine Grenzen gesetzt. Sie können sich – sofern Sie die Einladung ausschließlich an bestehende Mandanten nebst Angehörigen richten – aus dem Repertoire der gewerblichen Wirtschaft bedienen, die solche Veranstaltungen auch durch Werbeagenturen organisieren läßt (»Incentives« u. ä), ohne dabei gegen das Standesrecht zu verstoßen.

9. Vernissagen

Kunstausstellungen und ähnliche Veranstaltungen können Sie sowohl in den Kanzleiräumen als auch sonst zur Selbstdarstellung der Kanzlei nutzen. Beachten Sie dabei, daß sich die Veranstaltungen ausschließlich an Ihre Mandanten und deren Angehörige richten dürfen (BGHZ 115, 105).

10. Die Kanzleibroschüre/Mandanteninformationen

Kanzleibroschüren, zumeist in der Form von Faltblättern gestaltet, dienen der **Selbstdarstellung der Kanzlei** gegenüber den Mandanten. Vielfach läßt sich feststellen, daß nicht nur ein Problem bei der Gewinnung neuer Mandate besteht, sondern daß auch bestehende Mandanten unzureichend über das **Leistungsangebot** und die **Qualifikation der Kanzlei** informiert sind. Dadurch wandern, insbesondere im Zuge der Spezialisierung, einzelne Mandate an die Konkurrenz ab. Zu beobachten ist auch, daß ein schlummernder Beratungsbedarf durch eine Information über das Know-how der Kanzlei geweckt werden kann (»Ach, Sie kennen sich auch mit Testamenten aus?«). An der Zielsetzung orientiert sich der Inhalt der Broschüre. Standesrechtliche Bedenken gegen Kanzleibroschüren bestehen nicht an sich, sondern nur wenn darin reißerische oder unwahre Angaben gemacht werden.

Sachliche und zulässige Werbung läßt sich auch mit einem Kanzleiinfo betreiben. Das **Kanzleiinfo** liegt im allgemeinen im Büro aus und wendet sich an die den Anwalt aufsuchenden Mandanten. Ziel des Kanzleiinfos ist es, die Mandanten über die Leistungsfähigkeit der Akteure und der Kanzleiorganisation zu informieren. Dadurch werden alte wie neue Mandanten bestärkt, die richtige Wahl getroffen zu haben.

Das Praxisinfo dient darüber hinaus dem Abbau von Hemmschwellen. Wer kennt als Mensch nicht aus eigener Erfahrung z. B.

- Arztpraxen, in denen Hemmschwellen durch eine lockere freundliche Atmosphäre abgebaut wurden
- Arztpraxen mit »Göttern in Weiß« und mürrischem Praxispersonal

Stellen Sie in den Kanzleibroschüren das gesamte Kanzleipersonal vor, also auch die Rechtsanwaltsgehilfinnen, den Bürovorsteher oder Kanzleimanager. Zeigen Sie den Mandanten, daß sie es mit freundlichen und engagierten Menschen zu tun haben, die einen Namen haben.

Ein Mandant, der mit einer Kanzlei wirklich vertraut ist, wird –

selbst bei einer kleinen Panne – kaum zu einer anderen wechseln. Stellen Sie die besonderen **Erfahrungen und Kenntnisse** und/oder Zuständigkeiten **eines jeden Mitglieds des Kanzleiteams** heraus. Häufig erlebt man, daß Mandanten, die die Kanzlei aus einem bestimmten Grund aufgesucht haben, überrascht sind, daß z. B. der Bürovorsteher oder einer der Anwälte auf einem anderen Gebiet über besondere Kenntnisse oder Erfahrungen verfügen. Machen Sie einen kleinen Test und befragen Sie einmal Ihre Bekannten, ob diese wissen, wo Ihre Neigungen und Erfahrungen liegen. Sie werden sich wundern!

Die **optische Gestaltung** ist prinzipiell frei, sollte aber dem Berufsbild entsprechend vertrauensbildend und seriös wirken, nicht billig und plump.

Zu beachten ist, daß Kanzleibroschüren sich nur an Mandanten wenden dürfen. Nicht zulässig wäre es daher, solche Broschüren an vielbesuchten Orten auszulegen oder zur Weitergabe an Dritte aufzufordern. Vielfach enthalten Kanzleibroschüren sogar den Hinweis an die Mandanten, daß eine Weitergabe an Dritte standesrechtlich unzulässig ist. Mit einem solchen Hinweis kann man sich gegen die Folgen einer Verbreitung durch an sich wohlmeinende Mandanten absichern.

Als zulässig angesehen werden können folgende **Informationen** in Praxisbroschüren:

- Lebenslauf der Anwälte
- Examensergebnisse
- Interessen- und Tätigkeitsschwerpunkte
- Angaben zum Praxiskonzept und zur Zielsetzung der Kanzlei
- Bürozeiten
- Angaben zu Fremdsprachenkenntnissen
- Hinweise auf Kooperationen mit anderen Anwälten oder zulässige Kooperationen mit Angehörigen bestimmter Berufsgruppen (z. B. Steuerberater, Wirtschaftsprüfer)
- Zusätzliche Qualifikationen und Fortbildungen der Anwälte
- Entsprechende Angaben zu den sonstigen Angestellten (Bürovorsteher, Rechtsanwaltsgehilfinnen) und deren Tätigkeitsbereiche und besondere Erfahrungen

- Hinweise auf oder Kurzdarstellungen der Veröffentlichungen der Kanzleimitglieder
- Hinweise auf Tätigkeiten für oder in Verbänden und ähnlichem
- Referenzen, sofern die entsprechend genannten Mandanten mit der Veröffentlichung einverstanden sind
- Angaben zur Höhe des Zeithonorars
- Hinweise auf besondere Einrichtungen und Serviceleistungen der Kanzlei (Kinderbetreuung, Hinweis auf JURIS-Anschluß und kostenpflichtige JURIS-Recherche etc.)
- Fotografien und Bilder z. B. zu den Personen und den Räumen oder dem Kanzleisitz

Daneben kann das Praxisinfo aber auch durch Hinweise auf Beratungsmöglichkeiten und Tätigkeitsfelder zusätzlichen **Beratungsbedarf** wecken, der bislang auch dem Mandanten noch nicht bewußt war (»Oh, sie machen auch Verkehrsrecht: Kann ich bei einem Unfall eigentlich immer einen Anwalt hinzuziehen?«).

Die **ausländischen Mitbürger** können Sie dadurch gewinnen, daß Sie die Mandanteninformationen mehrsprachig drucken oder in mehreren Versionen drucken lassen.

11. Mandantenbriefe

Eine weitere Möglichkeit, den Kontakt zu den Mandanten zu halten, wiederaufzunehmen und zugleich fachliche Kompetenz zu demonstrieren, ist der regelmäßige Versand von Mandantenbriefen. Durch gezielte Schwerpunktsetzung in den **Mandantenrundschreiben** können je nach Zielgruppe entweder allgemeine Rechtstips oder aber bestimmte Themenkreise im Vordergrund stehen. Der Mandantenbrief bietet sich insbesondere als Medium an, um auf einen bestehenden, aber nicht bewußten **Beratungsbedarf** hinzuweisen.

Mandantenbriefe

- erinnern nach Abschluß des Mandates an die Kanzlei
- festigen die Mandantenbeziehung

- erzeugen Beratungsnachfrage durch gezielte Hinweise auf Beratungsbedarf
- stellen die Kompetenzfelder der Kanzlei gezielt dar
- steuern das Image einer Kanzlei

Beispiel:
Patiententestament
Zunehmend sichern Patienten ihre und die Rechte ihrer Angehörigen gegenüber den Ärzten vor Operationen durch die Abfassung eines Patiententestamentes ab. Darin können Regelungen für die Organentnahme, lebensverlängernde Maßnahmen, Entbindung von der Schweigepflicht gegenüber den Angehörigen u. ä getroffen werden. Viele Operationen sind aber unvorhersehbar. Im Rahmen eines Rundbriefes könnte anhand eines Beispielsfalles Sinn und Zweck eines vorbeugenden Patiententestaments demonstriert werden. Die Kosten eines Rundbriefes werden in der Regel durch die darauf erfolgenden Zusatzaufträge zumindestens gedeckt, wenn man sich vorher gründlich Gedanken über den möglichen Bedarf der Mandanten gemacht hat.

Außerdem kann der Mandantenrundbrief auf **Tätigkeitsschwerpunkte und Interessengebiete** hinweisen, von denen den Mandanten häufig nichts oder noch nichts bekannt ist. Typische Mandantenrundbriefe beschäftigen sich mit der neuesten Rechtsprechung. Sie können dabei auch zielgruppenorientierter vorgehen. Arbeiten Sie z. B. mit Versicherungsagenturen zusammen, kommt mit Sicherheit eine halbjährliche Zusammenstellung der Rechtsprechung zum Handelsvertreterrecht oder zu Haftungsfragen im Rahmen des Versicherungsrechts gut an.

12. Rundschreiben an Nichtmandanten

Sie können auch für spezielle Zielgruppen regelmäßige Infodienste versenden, die über neuere Entwicklungen in Rechtsprechung und Gesetzgebung informiert, praktische Hinweise gibt und über das Dienstleistungsprogramm der Kanzlei informiert. Rundschreiben sind in besonderer Weise geeignet, aktiv die Struktur und Zahl der Mandate in bestimmten Gebieten oder Referaten zu steuern. Häufig wird dadurch ein Beratungsbedarf geweckt, der sich ansonsten mangels Erkennens einer vorhandenen Problemlage nicht umsatzsteigernd ausgewirkt hätte.

Verboten ist dagegen der Versand von Rundschreiben an Nichtmandanten, wenn darin Tätigkeitsschwerpunkte genannt werden, die in keinem Zusammenhang mit dem Rundschreiben stehen. Solche Schreiben sind als unaufgefordertes direktes Herantreten an potentielle Mandanten und damit als unzulässig gewertet worden (vgl. BVerfG, NJW 1992, 1614 zu § 43 BRAO).

13. Telefonbücher

In Telefonbüchern sind neben dem Eintrag unter dem Namen nunmehr auch Einträge unter »Rechtsanwälte« möglich. Dabei dürfen inzwischen auch dezent hervorgehobene Farbgestaltungen als zulässig angesehen werden. Da die Einträge nicht billig sind und die Beträge jährlich fällig sind, sollten Sie sich anhand der Mandantenstruktur der Kanzlei überlegen, ob Sie im örtlichen, im großen Telefonverzeichnis oder im Branchenverzeichnis einen Schwerpunkt der Werbung setzen. Dies hängt davon ab, wo nach Ihrer Einschätzung Ihre bestehenden Mandantenkreise oder die angestrebten Mandanten eher nachschauen würden. Im Branchenbuch erscheint mir eine Werbung ohne Angabe weiterer Informationen nicht zweckmäßig.

Die wahrheitsgemäße Angabe von Fachanwaltsbezeichnungen und Tätigkeitsbereichen (im entschiedenen Fall Verkehrsrecht und Familienrecht) im Branchen-Telefonbuch unter der Rubrik Rechtsanwälte stellt keine verbotene Werbung dar (BGH, NJW 1994, 141).

Die Möglichkeit, Interessenten durch Werbeeinträge auf die Kanzlei aufmerksam zu machen, bieten auch Konkurrenzprodukte wie das gerichtlich umstrittene CD-ROM Verzeichnis »D-Info« und ähnliche

Produkte. Diese bieten gegen kleines Entgelt die Möglichkeit einer besonderen Werbung in speziellen Rubriken (z. B. unter Rechtsanwälte) auf der Silberscheibe.

14. Anwaltssuchservices

Anwaltssuchservices sind Datenbanken mit den Daten von Rechtsanwälten und wenden sich an Ratsuchende oder Kolleginnen und Kollegen. Die Datenbanken beinhalten Angaben zur Selbsteinschätzung im Hinblick auf Tätigkeitsschwerpunkte und Spezialisierungen und zu erworbenen Fachanwaltsbezeichnungen sowie Fremdsprachenkenntnissen. Anwaltssuchservices werden mittlerweile von mehreren Unternehmen angeboten. Bekannt ist der Anwaltssuchservice der

Anwalts-Suchservice GmbH
Unter den Ulmen 96–98, 50968 Köln
Telefon (02 21) 93 73 86 10
Telefax (02 21) 9 37 38–9 61
Faxinfo (02 21) 9 37 38–9 67

Die Eintragung ist kostenpflichtig. Prüfen Sie, ob sich die nicht unerheblichen Ausgaben lohnen. Dies kann bei besonderen Tätigkeitsgebieten der Fall sein. Wenn Sie allerdings der tausendste Mietrechtler in Berlin sind, dürfte sich die Investition kaum lohnen.

Auf JURIS-CD-ROM wird das Verzeichnis des Deutschen Anwaltverlages (herausgegeben vom Deutschen Anwaltverein) angeboten. Der Eintrag ist für Anwälte kostenlos. Die CD-ROM bietet daneben Rechtsprechung zum Gebühren- und Kostenrecht. Der Kaufpreis beträgt ca. 1000 DM. Verantwortlich für die laufende Erfassung der Daten sowie Veränderungen ist die

Hans-Soldan GmbH
Postfach 11 03 51
45333 Essen
Telefon (02 01) 86 12–0

Auch die **Hersteller von Rechtsanwaltssoftware** (zur Zeit z. B. Ziutex) kommen demnächst mit vergleichbaren CD-ROMs auf den Markt.

15. Veröffentlichungen

Ein klassisches Mittel für den Anwalt, auf sich aufmerksam zu machen, ist die Veröffentlichung von Büchern und Aufsätzen. Mit diesem Mittel, insbesondere bei der Wahl der Inhalte, läßt sich auch steuern, auf welchem Rechtsgebiet der Anwalt dem Publikum als kompetenter Ratgeber entgegentritt. Die **Zielgruppe** bedingt bei Veröffentlichungen das Medium. Will sich der Anwalt an ein breites Publikum wenden, wird er eher Veröffentlichungen in Zeitschriften suchen, die sich nicht ausschließlich an das Fachpublikum richten. Bei Büchern bieten sich dazu Sachbücher und Ratgeber an. Hat er dagegen Verkehrsmandate oder eine bestimmte Zielgruppe im Auge, kann sich ein Aufsatz in einer Fachzeitschrift z. B. für Autorecht günstig auswirken. Erst recht stellt die Mitarbeit an Fachbüchern eine Demonstration fachlicher Kompetenz dar, die das fachlich interessierte Publikum auf Sie aufmerksam macht.

Interessant ist auch die **Stellungnahme zu aktuellen Fachthemen**. Wird z. B. eine Versicherung oder Behörde durch entsprechende aktuelle Veröffentlichungen zu umstrittenen Themen auf Sie aufmerksam, werden Sie möglicherweise mit dem nächsten diesbezüglichen praktischen Fall betraut.

Daneben sind Veröffentlichungen häufig die Voraussetzung für eine ebenfalls werbewirksame Referententätigkeit.

16. Seminare, Referate

Eine weitere Möglichkeit, sich an das interessierte und interessante Publikum zu wenden, ist das Referieren auf Versammlungen, Seminaren und anderen Veranstaltungen. Neben dem kleinen Verdienst empfehlen Sie sich vor allem als **Experte bei künftigem Beratungs- und**

Vertretungsbedarf. Daneben ist es kein Geheimnis, daß man selbst beim Referieren lernt, so daß Sie nach mehreren Referaten oft zu Recht bereits als Experte angesehen werden können. Sie werden schnell merken, daß Sie Themen, die Sie selber nicht vollständig verstanden haben, einem Publikum auch nicht erklären können. Zudem ist es für häufig theoretisch versierte Juristen immer interessant, mit Fragen aus der Praxis konfrontiert zu werden.

In Betracht kommen sowohl Veranstaltungen durch Dritte als auch durch den Anwalt selbst. Üblich ist allerdings, daß Anwälte als Referenten auf Vereinssitzungen oder Versammlungen, Seminaren oder Abendveranstaltungen Vorträge bei Dritten halten. Für regelmäßige **Seminare** bieten sich als erste Anlaufstellen die Industrie- und Handelskammern, Volkshochschulen, Verbände, Bildungsvereine und -träger, Schulungsinstitute, also im Prinzip sämtliche Träger von Erwachsenenbildung an. Da die potentielle Nachfrage so breit gestreut ist, wendet sich der kluge Berufsanfänger zielgerichtet einer oder mehreren Zielgruppen zu.

Wer im Wirtschaftsverwaltungsrecht praktizieren will, wendet sich am besten an Gewerbetreibende. Interessant kann das Ansprechen einer homogenen Gruppe (z.B. Gastwirte; Taxibetriebe) durch ein aktuelle Rechtsentwicklungen aufgreifendes, auch für Laien verständliches Referat sein.

Aber auch das Referat über Rechtsschutzversicherungen auf der Versammlung im Sportverein kann bereits nützliche Wirkungen haben, wenn es sich für die Zuhörer als nutzbringend und interessant erwies.

Das **Honorar** sollte sich an den Möglichkeiten der Institution und der wahrscheinlichen Effekte des Referates im Hinblick auf zukünftige Mandate orientieren. Rechnen Sie sich Ihren Mindeststunden und -tagessatz anhand der Kanzleikosten aus und überlegen Sie, ob Sie dies als Minimum verlangen sollen. Bedenken Sie, daß das Referat Vorbereitungszeit erfordert. Für ein Referat, durch das vermutlich keine Mandate gewonnen werden können, müssen Sie mindestens die Kanzleikosten und weitere 30% Erlös für sich verlangen. Üblich sind nach der Erfahrung des Verfassers Sätze pro Referat (45 bis 120 Minuten) von 500 bis 1000 DM und bei Tagesseminaren ab 1000 DM pro Tag zzgl. MWSt. und Spesen aufwärts.

Zulässig ist auch die Möglichkeit, Seminare selbst zu veranstalten und auf dem Briefkopf der Kanzlei an potentielle Interessenten zu versenden. Die Rechtsprechung ließ wettbewerbsrechtlich und berufsrechtlich unbeanstandet, daß Rechtsanwälte eine entsprechende **Einladung** an 900 Unternehmen unter Hinweis auf die fachliche Qualifikation versandt hatten (LG Hagen, NJW-RR 1990, 481). Auch eine bekannte Kanzlei, die sich auf das Steuerrecht spezialisiert hat, schaltete eine Anzeige auf dem hinteren Deckblatt der Mitteilungen der Bundesrechtsanwaltskammer (BRAK-Mitteilungen), in der auf Seminare einer »Rechtsanwälte x,y,z-Tagungs- und Seminarorganisationsgesellschaft mbH« hingewiesen wurde. Dabei wurden die vollen Namen und Qualifikationen der Kolleginnen und Kollegen genannt.

Als potentielle Interessenten für entsprechend ausgerichtete Referate und Seminare kämen z. B. in Betracht:

- Unternehmen
- Gewerbetreibende
- Versicherungen und Versicherungsagenturen
- Banken
- Behörden
- Vereine

Die Mandanten von morgen können durch **Rechtskundeunterricht** an den weiterführenden Schulen gewonnen werden. Stellen Sie sich dort vor und erkundigen Sie sich nach den Möglichkeiten und Konditionen. Erwarten Sie nicht, viel Honorar für die Schulstunden zu erhalten, aber Sie werden sich im Ort bekannt machen.

17. Die Zusammenarbeit mit Multiplikatoren

Auch die aktive Mitarbeit in Vereinen, Verbänden und Interessengruppen wie Mieterverein, Anwaltsverein, Gewerkschaften, Karnevals- und Sportverein, um nur einige zu nennen, kann wegen der dort regelmäßig tätigen Multiplikatoren nützlich sein. Diese werden häufig nach Empfehlungen gefragt. Warum soll dann nicht Ihr Name fallen. Auf jeden Fall vergrößert sich Ihr Bekanntheitsgrad dadurch.

Häufig arbeiten Anwälte auch als **Honoraranwalt** in den Sprechzeiten z. B. der Mietervereine, Verbraucherberatungen oder Automobilclubs. Sofern sich bei der Beratung ein Mandat ergibt, können diese »mitgenommen« werden.

Achten Sie bei der Tätigkeit in und für Vereine darauf, daß Ihre Qualifikation nicht nur ehrenamtlich genutzt wird. Sie leben schließlich von Ihrer Ausbildung. Auch ein selbständiger Autohändler kann seine PKW's nicht an Vereinsfreunde und Verwandte verschenken.

18. Die eigene Internet-Seite (Homepage)

Das Internet ist ein weltweiter Zusammenschluß von Servern, die ein unvorstellbar großes Netzwerk bilden. Was früher dem internationalen Wissenschaftsaustausch diente, soll bald alle Weltenbürger miteinander verbinden. Wenn Sie einen PC und ein Modem sowie die Browsersoftware eines Internet-Anbieters besitzen (z. B. America Online – AOL, Compuserve oder Telekom Online), können Sie Datenbestände weltweit zum Ortswahltarif abrufen. Dazu nutzt man spezielle Suchmaschinen (Yahoo, Webcrawler u. a.), die mittels Stichwortkombinationen bei der Suche nach den begehrten Informationen helfen. Anbieter von Leistungen können durch eine sogenannte Homepage und die angebotenen Leistungen auf sich aufmerksam machen. Die Seiten können nach der Erstellung bei einem sogenannten Provider auf dem Server gespeichert und unter einem bestimmten Namen abgerufen werden (z. B. … /mwf-law.de/homepage.html). Die **Preise** bei den **Providern** sind noch sehr unterschiedlich und dem Vernehmen nach in den USA deutlich günstiger.

Die Möglichkeiten des Internets werden bei zunehmenden »Teilnehmerzahlen« im Privatbereich auch von der Wirtschaft – und zwar auch zur Werbung – entdeckt. In Deutschland werben erst wenige Anwälte im Internet. Die entsprechenden Seiten sind weitgehend brav in der Gestaltung.

Nicht nur deswegen wurde das Thema an das Ende des Kapitels zur Werbung gestellt. Es ist nämlich fraglich, ob es sich tatsächlich rechnet, jetzt bereits im Internet zu werben. Nach jüngsten Datenerhebungen besitzt lediglich ein Drittel aller Haushalte in Deutschland einen PC und hiervon nutzen wiederum nur wenige Prozent einen Zugang zum Internet. Sofern Sie allerdings aufgrund bestehender Kontakte oder sehr guter Sprachkenntnisse gerne auch **Auslandsmandate** bearbeiten möchten, sollten Sie die Möglichkeiten der Selbstdarstellung (mit Seiten in den entsprechenden Sprachen, wählbar auf Mausklick) im Internet nutzen.

XII. Die Mandantenpflege

1. Der Abbau von Schwellenangst

Vielleicht erinnern Sie sich selbst an Ihren letzten Besuch beim Arzt. Viele Mandanten fühlen sich auch beim Besuch eines Anwalts unsicher oder verspüren sogar Ängste. Solche Gefühle resultieren daraus, daß der Besuch einer Anwaltskanzlei keine »**Standardsituation**« des täglichen Verhaltensrepertoires darstellt, in der der Mensch sich sicher zu bewegen gelernt hat. **Angst- oder Unsicherheitsgefühle** treten insbesondere beim ersten Besuch der Kanzlei auf, weil der neue Mandant die Person des Anwalts noch nicht kennt und nicht weiß, was in der Gesprächssituation geschieht. Unsicherheit oder Angst resultieren aber auch daraus, daß Mandanten sich häufig in **sehr persönlichen finanziellen** (z.B. Steuerstrafrecht) oder **seelischen Dingen** (z.B. Ehescheidung) einem Fremden offenbaren müssen.

Schwellenängste bauen Sie am besten durch eine freundliche offene Atmosphäre in den Büroräumen ab. Dies kann durch gestalterische Elemente, aber auch durch eine durchdachte Instruktion oder Schulung des Büropersonals geschehen. Der Mandant sollte sich sowohl durch die **Atmosphäre** als auch durch den **menschlichen Empfang** angenommen und wohl fühlen. Dazu gehört die freundliche Begrüßung am Telefon und im Empfang.

Lassen Sie den Mandanten nicht unsicher in der Kanzlei herumstehen, sagen Sie ihm, wo er warten kann oder noch besser, lassen Sie ihn durch das Büropersonal immer zu einem freien Warteplatz führen. Auch der Anwalt sollte den Mandanten in sein Büro hineinführen, indem er ihn im Wartezimmer abholt und ins Büro begleitet.

Wie würden Sie sich fühlen, wenn Sie zunächst am Empfang Minuten warten müßten, weil dort ein längeres Telefonat abgewickelt wird oder scheinbar wichtigere Büroarbeiten fertiggestellt werden, bevor man sich mit Ihnen befaßt und Ihnen anschließend per Fingerzeig den

Weg ins **Wartezimmer** mit den Worten weist: »Drittes Zimmer links«, ohne Ihnen die Dauer der Wartezeit mitzuteilen.

Anschließend brummt nach einer halben Stunde Wartezeit vielleicht noch eine Stimme aus irgendeinem Zimmer »Der Nächste bitte«. Dort wird Ihnen von einem sich nicht vom Sitz erhebenden **Gott in Schwarz** wortlos ein ungemütliches Stühlchen zugewiesen, während der Herr Anwalt in einem bequemen und leicht erhöhten Ledersessel mit hoher Kopflehne auf Sie herabblickt.

Der Ratgeber würde gesprengt, wenn an dieser Stelle ins Detail gehende Ratschläge gegeben würden. Es soll hier nur zum Denken angeregt werden. Die Verfasser spielen häufiger im Rahmen der wöchentlich stattfindenden Personalbesprechung durch, was ein Mandant erwartet und wie er empfangen und behandelt wird. Um die nötige Distanz zur eigenen Berufstätigkeit zu erhalten, kann man seine **Erfahrungen bei Arztbesuchen** nutzbringend verwerten.

2. Der Aufbau einer persönlichen Beziehung

Als Anwalt sind Sie Sachwalter der häufig sehr persönlichen Interessen und Anliegen Ihrer Mandanten. Ihr Erfolg steht daher mit dem Vertrauen, das Ihre Mandanten Ihnen entgegenbringen. Ihre Mandanten vertrauen Ihnen Dinge an, die Sie selbst von Ihren Bekannten nicht wüßten. Behandeln Sie Ihre Mandanten daher auch wie gute Bekannte. Geburtstage oder Jubiläen sollten Sie kennen und daran denken. Es muß nicht immer ein Geschenk sein, das dem Gegenüber Freude bereitet. Persönlicher kann ein schlichter Telefonanruf sein, der lediglich 0,12 DM kostet. Voraussetzung ist natürlich, daß Sie die entsprechenden Daten bei der Mandatsannahme erheben.

Weihnachtsgrüße gehen in der Regel in der Flut entsprechender Schreiben unter. Heben Sie sich durch Originalität ab oder schreiben Sie zum Jahreswechsel. Dabei können Sie z. B. noch nützliche Tips, wie z. B. einen Hinweis auf Verjährungsfristen, geben.

Ausländische Mandanten freuen sich über Grüße in ihrer Sprache. Die Übersetzung des Schreibens oder der Kauf von Karten mit türkischen oder griechischen Weihnachtsgrüßen kostet nicht die Welt, zeigt aber, daß Sie mandantenorientiert arbeiten.

3. Der Dienstleistungsabend/Freier Mittwoch

Berufstätige Mandanten haben häufig Schwierigkeiten, einen kurzfristigen Termin zu erhalten, ohne sich Urlaub nehmen zu müssen oder das Arbeitszeitkonto zu belasten. Mit einem Dienstleistungsabend pro Woche, an dem Sie bis 20 Uhr oder länger **Besprechungstermine** vergeben, kommen Sie diesem Mandantenkreis entgegen. Weisen Sie darauf durch Ihr Kanzleipersonal sowie auf Ihrem Briefbogen hin.

Eine weitere Möglichkeit, insbesondere eine Nische für den Berufsstart zu erwischen, ist das **Offenhalten der Kanzlei am Mittwochnachmittag**. Vielfach ist es noch immer üblich, daß Rechtsanwaltspraxen mittwochs nachmittags geschlossen sind.

4. Hausbesuche

Mandantenzufriedenheit stellen Sie auch her, wenn Sie Hausbesuche machen. Dies sollten Sie aus Zeitgründen und um keine übertriebenen Erwartungen hervorzurufen auf Ausnahmefälle beschränken. Ein entsprechendes Angebot sollten Sie jedenfalls in folgenden Fällen machen, insbesondere, wenn den Mandanten das Aufsuchen der Praxis Schwierigkeiten bereitet:

- bei kranken und schwerbehinderten Mandanten
- bei guten Mandanten
- bei älteren Mandanten
- bei Mandanten ohne PKW

Zum Abschluß noch ein Wort zur Beherzigung. Sofern Sie über entsprechende Talente verfügen, unsere Ratschläge befolgen und das nötige Quentchen Glück haben, werden Sie Erfolg in einem anspruchsvollen und in jeder Hinsicht befriedigenden Beruf genießen können. Sie werden zu den Angesehenen und Besserverdienenden, mithin den Gewinnern in der Gesellschaft gehören. Vergessen Sie darüber nicht diejenigen, die häufig ohne eigenes Verschulden zu den Verlierern zählen und sich einen Anwalt häufig nicht leisten können. Renommierte Kollegen bearbeiten häufig Fälle unentgeltlich, sofern eine entsprechende persönliche Notlage vorliegt. Im Zentrum des Anwaltsberufs steht der Mensch und das Recht – nicht nur die BRAGO.

XIII. Die Beschäftigung von Personal

1. Allgemeines zum Personal

Es versteht sich von selbst, daß Anwältinnen und Anwälte mit ihrem Personal schriftliche **Arbeitsverträge** schließen sollten. Seit dem Inkrafttreten des auf einer EG-Richtlinie basierenden Nachweisgesetzes am 21. 7. 1995 ist die schriftliche Fixierung der wesentlichen Vertragsinhalte spätestens einen Monat nach dem vereinbarten Arbeitsbeginn Pflicht.

Erforderliche Angaben sind Name und Anschrift der Vertragsparteien, Beginn des Arbeitsverhältnisses, Arbeitsort, Beschreibung der Tätigkeit, die Dauer eines befristeten Arbeitsverhältnisses sowie ein Hinweis auf anwendbare Tarifverträge, Betriebs- und Dienstvereinbarungen. Sofern keine kollektiven Regelungen gelten, sind auch die Zusammensetzung und Höhe des Arbeitsentgelts, Arbeitszeit, Urlaubsdauer und Kündigungsfristen anzugeben. Bei Verstoß gegen diese Verpflichtung kann das Fehlen der Niederschrift als streitige Tatsache gewertet werden; die Verpflichtung können Beschäftigte überdies einklagen.

Was nichts kostet, ist auch nichts (wert), sagt der Rheinländer nicht zu Unrecht. Nicht immer, aber recht häufig trifft dieser Satz auch für das Personal des Anwalts zu. Die **Vergütung** ist, jedenfalls solange die Erbengenerationen noch nicht flächendeckend verbreitet sind, nicht das einzige, aber wohl die entscheidende **Motivation** für abhängig Beschäftigte im Arbeitsverhältnis. Bezahlen Sie deshalb leistungsgerecht und großzügig. Ebenso großzügig werden sich regelmäßig Ihre Beschäftigten verhalten und entsprechende Arbeit leisten. Dies bedeutet nicht zwingend, daß Sie gleich vom Start weg überdurchschnittlich bezahlen sollten. Sie werden hoffentlich Personal finden, das für Ihre finanzielle Situation zu Beginn der Existenzgründung Verständnis hat. Genauso bleibt zu hoffen, daß Sie sich daran erinnern, wenn die Einnahmen sich standesmäßig entwickelt haben. Zeigen Sie sich dann ebenso großzügig. Sprechen Sie diese Punkte offen bei Bewerbungsgesprächen an und halten Sie Ihre diesbezüglichen Versprechungen auch ein. Das Beste ist natürlich, die Beschäftigten am **Erfolg der Kanzlei** zu beteiligen, da sich dadurch Leistung und Identifikation mit dem Büro auch finanziell bemerkbar machen. Ein weiterer häufig unterschätzter Vorteil fairer Vergütung ist, daß die Beschäftigten wenig Lust verspüren, Ihr Büro zu verlassen, um sich zu verbessern. Eine niedrige Fluktuation garantiert, daß das erworbene Wissen der Beschäftigten in der Kanzlei bleibt und sich Ausbildungsanstrengungen und -kosten auch tatsächlich für Sie – nicht für Ihre Nachfolger – rentieren.

Zu den vereinbarten Personalkosten müssen Sie mindestens 50% **Nebenkosten** (Sozialversicherungsanteil, Urlaub, Krankheit, Urlaubsgeld, Weihnachtsgeld, Vermögenswirksame Leistungen) kalkulieren. Bereits der Arbeitgeberanteil zur Sozialversicherung macht 26,6% aus. Rechnen Sie noch einmal mit zwischen 15 und 20% für Urlaub und Urlaubsgeld. Die durchschnittlichen Krankenstände müssen Sie mit 5% berücksichtigen. Das Weihnachtsgeld macht je nach Höhe zwischen 4 und 8% aus. Beachten Sie dies bereits bei der Kalkulation der monatlichen Kosten.

Es sollte selbstverständlich sein: Der Anwaltsberuf bringt es mit sich, daß tiefe Einblicke in private Angelegenheiten von Mandanten gewährt werden, die nicht zur Kenntnis von Dritten bestimmt sind. Nicht nur Sie selbst, sondern auch Ihre Angestellten unterfallen der **Verschwiegenheitspflicht gemäß § 203 Abs. 3 StGB**. Sie müssen Ihre Beschäftigten darüber belehren (vgl. § 42 Abs. 3 der Grundsätze des anwaltlichen Standesrechts).

Sobald Sie Personal in der Kanzlei beschäftigen, müssen Sie dieses kraft Gesetzes bei der Verwaltungsberufsgenossenschaft gegen Unfall pflichtversichern. Außerdem sollten Sie eine Bürohaftpflichtversicherung abschließen, z.B. für den Fall, daß Kleidungsstücke beschädigt werden.

Anschrift:

Verwaltungs-Berufsgenossenschaft
Hauptverwaltung
Deelbögenkamp 4
22297 Hamburg
Telefon (0 40) 5 14 60
Telefax (0 40) 51 46 21 46 und 5 11 01 30

2. Schreibkräfte/Telefonzentrale/Rechtsanwaltsgehilfinnen

Unter Umständen reicht zu Beginn Ihrer Tätigkeit, insbesondere wenn Sie als Einzelkämpfer in einer sogenannten Wohnzimmerkanzlei beginnen, die Beschäftigung einer Schreibkraft in Teilzeit für die erste Zeit aus. Problematisch ist dann meist die Sicherstellung der ständigen Erreichbarkeit. Zwar kann hier durch Anrufbeantworter, Mobiltelefon und Anrufweiterschaltung im Rahmen eines ISDN-Mehrgeräteanschlusses die Situation etwas gemildert werden. Wenn Sie aber in auswärtigen Besprechungen oder in einer Gerichtsverhandlung sind, wirkt ein klingelndes Handy nicht etwa »wichtig«, sondern »wichtigtuerisch« und störend. Auf Dauer sind alle mehr oder minder provisorischen Lösungen unbefriedigend und wirken nach außen hin unprofessionell. Der Verlust eines einzigen leicht überdurchschnittlichen Mandates infolge der schlechten Erreichbarkeit kann die vermeintliche Ersparnis durch ein Hinauszögern der Einstellung von Personal ad absurdum führen.

Beispiel:
Ich hatte es nur der unvorstellbaren Hartnäckigkeit eines Betriebsrats zu verdanken, der mich über mehr als vier Wochen versuchte zu erreichen, daß ich den lukrativen Auftrag zur Beratung eben dieses Betriebsrates bei Verhandlungen über einen Interessenausgleich- oder Sozialplan erhielt. Zwar hatte ich zu diesem Zeitpunkt bereits eine ganztägig besetzte Kanzleistruktur. Der Betriebsrat hatte aber auf-

grund einer Empfehlung noch die Telefonnummer meiner seinerzeitigen Wohnzimmerkanzlei.

Die Einstellung einer reinen **Schreibkraft in Teilzeit** bietet sich zu Beginn der Selbständigkeit an, weil Schreibkräfte besser verfügbar sind als die zur Zeit am Arbeitsmarkt sehr umworbenen **Rechtsanwaltsgehilfinnen**. Außerdem sollte man später die ausgebildeten Rechtsanwaltsgehilfinnen ohnehin nicht praktisch ausschließlich mit Schreibarbeit beschäftigen, wie dies leider allzu häufig geschieht, da dies der langsamen Vernichtung von Ausbildungswissen gleichkommt.

Die Trennung von Schreibarbeit einerseits und Telefondienst und qualifizierten Anwaltsgehilfinnentätigkeiten (Unfallmandate, Zwangsvollstreckung, Kosten und Gebühren etc.) andererseits – auch in kleineren Kanzleien – hat einen weiteren nicht zu unterschätzenden Vorteil. Mandanten werden bei Anrufen immer gutgelaunt und höflich am Telefon angenommen, wenn die Angestellte der eigentlichen Anwaltsgehilfinnenarbeit nachgeht und daneben Telefondienst hat. Haben Sie dagegen einmal beobachtet, wie sich eine Anwaltsgehilfin am Telefon meldet, die gerade ein diktiertes Band mit aufgesetztem Kopfhörer schreibt und dabei zum wiederholten Male durch das klingelnde Telefon aus der Konzentration gerissen wird? Im besten Fall können Sie in solch einer Situation das angefertigte Schreiben vergessen, im schlimmsten Fall das Mandat desjenigen, der in dieser Situation angerufen hat.

Daraus ergibt sich wie von selbst eine weitere Konsequenz: Stellen Sie keine Anwaltsgehilfin ein, die bereits vor längerer Zeit die Ausbildung absolviert hat *und* in der Zwischenzeit praktisch ausschließlich als Schreibkraft in Kanzleien verschlissen wurde. Das Ausbildungswissen Ihrer Mitarbeiterin können Sie dann getrost vergessen. Da Sie selbst als Volljurist in der so wichtigen praktischen Durchführung der Zwangsvollstreckung gelinde gesagt unzureichend ausgebildet sind, können in Vollstreckungsfällen lustige Arbeitsergebnisse entstehen. Ich wünsche Ihnen in diesem Fall humorvolle Mandanten!

Die Aufgaben einer Rechtsanwaltsgehilfin (neue Berufsbezeichnung Rechtsanwaltsfachangestellte) lassen sich wie folgt beschreiben:

- Schreiben nach Diktat (in kleineren Kanzleien leider immer noch der größte Teil der Arbeitszeit) unter moderner Textverarbeitungssoftware
- Verwaltung eingehender Post einschließlich des Notierens von Fristen und Terminen
- Freundlicher und souveräner Umgang mit den Mandanten am Telefon und im Empfangsbereich
- Selbständige Vergabe von Besprechungsterminen nach Vorgabe eines Zeitplans
- Vorlage von Akten getrennt nach
  - Posteingang
  - Fristablauf/Vorfrist
  - Wiedervorlage
- Buchführung, zumindest aktenbezogene Buchung
- Selbständige Bearbeitung von Standardzwangsvollstreckungsmaßnahmen, Bearbeitung komplizierterer Maßnahmen nach Anweisung
- Selbständige Errechnung der Rechtsanwaltsgebühren nach Aktenlage bei Standardverfahren; nach Anweisung bei atypischen Verfahrensabläufen
- Bestellung, Kauf und Überwachung von Verbrauchsmaterial
- Bearbeitung der Postausgänge, getrennt nach Gerichtspost und Briefpost, einschließlich der Kontrolle auf korrekte Unterzeichnung und fristwahrender Aufgabe
- Anlage der Akten, Führung des Aktenregisters und Ablage der Handakten
- Bedienung der entsprechenden Funktionen in einem Rechtsanwaltsprogramm

Tip:

Diese und die folgenden Auflistungen können Sie als Arbeitsplatzbeschreibung Ihrer neueingestellten Kraft an die Hand geben, damit diese Ihre Aufgaben jedenfalls in den Grundzügen kennt.

3. Bürovorsteher

Das Beste für eine perfekte Zwangsvollstreckung, aber auch eine gute Ausbildung des Kanzleipersonals ist natürlich die Beschäftigung eines Bürovorstehers. Das Beste hat aber auch immer seinen Preis und den können Sie sich als Berufsanfänger kaum leisten. Ein erfahrener Bürovorsteher verdient ab 6000 DM brutto aufwärts. Ein guter Bürovorsteher bringt aber auch in der Regel mehr ein, als er kostet. Voraussetzung ist natürlich, daß der Bürovorsteher ausgelastet ist. Dies kann z. B. durch eine Kooperation von mehreren kleineren Kanzleien oder Einzelanwälten zur Beschäftigung eines Bürovorstehers geschehen. Aber auch ein bereits pensionierter Bürovorsteher hat vielleicht Lust, einmal pro Woche zu arbeiten und einem Junganwalt auf die Beine zu helfen.

Die **Aufgaben eines Bürovorstehers** sind in der Regel:

- Allgemeine Kanzleiverwaltung einschließlich der Tätigung von Anschaffungen
- Personalverwaltung und Personalüberwachung (einschl. Urlaubsplanung)
- Schulung des Personals und der Auszubildenden einschließlich Überwachung der Schutz- und Unfallverhütungsvorschriften
- Überwachung bzw. Durchführung von Zwangsvollstreckungsmaßnahmen
- Überwachung bzw. Durchführung der Gebührenabrechnung
- Begründung von Kosten- und Vollstreckungserinnerungen
- Unfallregulierung gerichtlich und außergerichtlich (ohne Terminwahrnehmung)
- Eintreibungsdezernat
- Im Rahmen der Zuständigkeiten auch die Durchführung von Mandantenbesprechungen

Die Tätigkeit des Bürovorstehers ist selbstverständlich von den Rechtsanwältinnen bzw. Rechtsanwälten zu überwachen. Es ist aber auch kein Geheimnis, daß erfahrene Bürovorsteher in ihren Tätigkeitsfeldern versierter sind als die meisten Berufsanfänger.

4. Auszubildende

Literatur:
- Kähler, Fachkunde in der Rechtsanwaltspraxis, 1995

Nach § 88 BBiG sind Sie mit der Zulassung zur Anwaltschaft befugt, Rechtsanwaltsgehilfinnen und -gehilfen auszubilden. Dies sollten Sie auch bereits frühzeitig tun, da die Anwaltschaft zwar ständig Rechtsanwaltsfachangestellte braucht, aber kaum noch ausbildet. Sie können daher z. B. eine Anzeige aufgeben, mit der Sie eine Auszubildende suchen:

»Ich bilde aus!

Computerbegeisterte und engagierte Auszubildende mit guten Deutschkenntnissen und Rechenkünsten für junges Anwaltsbüro gesucht.«

In Fragen des **Ausbildungsvertrages** beraten Sie die Anwaltsvereine bzw. die Geschäftsstelle der örtlichen Anwaltskammer. Dort sind auch die für die Ausbildung relevanten Vorschriften (ReNoPatVerordnung) zu erhalten.

Bei Vorbereitungskursen auf die Rechtsanwaltsgehilfen-Prüfung, die eine Wiederholung und Aufbereitung des Ausbildungsstoffes von zweieinhalb Jahren Ausbildungszeit sein sollten, muß immer wieder festgestellt werden, daß – von ganz wenigen Ausnahmen abgesehen – der Lehrstoff für die Teilnehmerinnen zum größten Teil absolutes Neuland ist.

Dies ist der Beweis dafür, daß die Anwaltschaft miserabel ausbildet! Viele Auszubildende werden als **billige Aushilfskräfte** beschäftigt und keinesfalls so ausgebildet, daß man später auf wirklich fähige Fachangestellte zurückgreifen kann.

Betriebswirtschaftlich gesehen ist dies der größte Unsinn, den sich die Anwaltschaft leistet. Nur Auszubildende, die tatsächlich gut ausgebildet werden, sind zu guter und für die Praxis notwendiger Eigenmotivation fähig. Es hat absolut keinen Wert, daß beispielsweise die Auszubildende des 2. Jahres die Auszubildende des 1. Jahres anlernt. Hier werden nur Erfahrungen mit Hilfsarbeiten wie Aktensuchen, Botengänge u. ä. weitergegeben, und das auch noch mit meist destruktiver Motivation. Die **eigentlichen Ausbildungstätigkeiten** (Zwangsvollstreckungsrecht und Kostenrecht in der praktischen Anwendung) erledigt der »Kollege Computer« weitaus schneller und zuverlässiger. Hintergründe, weshalb welche Arbeit zu tun ist und weswegen bestimmte Sachen sehr eilbedürftig sind, werden dagegen nicht vermittelt. In den ersten Wochen gezeigte Ansätze von Eigeninitiative werden häufig nach dem Motto »das war immer so, da wird nichts verändert« abgeblockt und damit meist dauerhaft verschüttet.

Eine gute Ausbildung wird also vom Anwalt selbst, einem erfahrenen Bürovorsteher oder einer gestandenen ersten Kraft nicht nur überwacht, sondern selbst vorgenommen. Jede Praxis, in der ausgebildet wird, ist gesetzlich gehalten, für jede Auszubildende einen individuellen **Ausbildungsplan**, der sich inhaltlich an den gesetzlichen Ausbildungsrahmenplan anlehnt, zu erstellen. Wir persönlich kennen leider keine Praxis, die individuelle Ausbildungspläne erstellt. Positiv fallen schon die Kanzleien auf, in denen bekannt ist, daß es einen **Ausbildungsrahmenplan** gibt und der Inhalt auch bekannt ist.

Den Auszubildenden ist nicht nur das formale Recht, mit dem sie später täglich arbeiten sollen, in der Praxis zu vermitteln, sondern als Hintergrundwissen auch das materielle Recht nahezubringen, und zwar nicht losgelöst voneinander, sondern aufeinander abgestimmt.

In der Regel wird dies von einem jungen, intellektuell noch nicht geschulten Menschen ohne optische Hilfsmittel nicht zu verstehen sein. In die Anwaltspraxis, in der ausgebildet wird, gehört somit eine Schultafel (heutzutage auch in der Form eines Flipcharts) als entsprechendes Hilfsmittel der Wissensvermittlung.

Bereits in den ersten Ausbildungstagen kann der Auszubildenden nach entsprechender Unterweisung die Aufgabe übertragen werden, **anwaltliche Aufforderungsschreiben** zu verfassen. Neben der notwendigen Sprachschulung für juristischen Schriftverkehr ist es dringend notwendig, bereits zu diesem Zeitpunkt die materiell-rechtlichen haftungsbegründenden Hintergründe zu unterrichten. Hieraus kann die Auszubildende erkennen, ob z. B. die entstehenden Gebühren der Gegenseite angelastet werden können oder ob der Mandant diese selbst zu tragen hat. Bereits zu diesem Zeitpunkt ist auch eine erste **Einführung in das Gebührenrecht** notwendig, damit z. B. die Abgrenzung zwischen den möglicherweise entstehenden Gebühren gem. § 118 BRAGO (Geschäftsgebühr) und § 32 Abs. 1 BRAGO (5/10 Prozeßgebühr bei vorzeitiger Beendigung des Auftrages) erkannt werden kann. Einige Zeit später kann das Entstehen der Besprechungsgebühr und der Vergleichsgebühr durchgenommen werden.

Sollte es in einer Sache, die die/der Auszubildende bereits außergerichtlich bearbeitet hat, zum **gerichtlichen Mahnverfahren** kommen, so sollten die entsprechenden Anträge (in der bereits bekannten Akte) durch die/den Auszubildende(n) erledigt werden. Damit verstanden wird, was überhaupt abläuft, gehört zeitgleich die Unterweisung hinsichtlich des allgemeinen Mahnverfahrens, des automatisierten Mahnverfahrens, der allgemeinen und besonderen Gerichtsstände, der Rechtsanwaltsgebühren des § 43 BRAGO und der Vorschriften des Gerichtskostengesetzes dazu.

Sollten Sie alle Arbeiten mittels einer **EDV-Anlage** bearbeiten, die in diesem Bereich individuelles Arbeiten nicht erlaubt, so ist dringend zu empfehlen, sogenannte »Spielakten« zu erstellen, bei deren Bearbeitung der eigene Ausdrucksstil der Auszubildenden geschult werden kann.

Diese **Spielakten** sind auch bestens geeignet, der/dem Auszubildenden später die Zwangsvollstreckungsmaßnahmen nahezubringen, indem nicht der »Kollege Computer« die Forderungsaufstellung fertigt, die Vollstreckungsmaßnahme vollautomatisch erstellt und die angefallenen Kosten korrekt berechnet. Vielmehr kann die/der Auszubildende ihre/seine Fertigkeit in der Zinsberechnung für die Forderungsaufstellung üben, jede Vollstreckungsmaßnahme – außer Pfändungs- und Überweisungsbeschluß – frei formulieren und die entstehenden Gebühren selbst errechnen. Auch hier ist es notwendig, der/dem Auszubildenden das entsprechende Hintergrundwissen zu vermitteln (z. B. das Grundrecht gem. Art. 13 GG für die richterliche Durchsuchungsanordnung und weshalb die Rechtspfleger für alle Vollstreckungsmaßnahmen zuständig sind, nicht jedoch für den Erlaß des Haftbefehls im Verfahren zur Abgabe der eidesstattlichen Versicherung).

Die Mühe, die Sie sich mit der Ausbildung geben, zahlt sich auf jeden Fall dadurch aus, daß Sie bereits nach sehr kurzer Ausbildungszeit nicht mehr nur eine billige Kraft für Aushilfsarbeiten haben, sondern eine **junge und hochmotivierte Fachkraft**. Sie wird die **Prüfung** zur Rechtsanwaltsfachangestellten nicht nur leicht mit Auszeichnung bestehen, was ein willkommenes **Renommee für Ihre Praxis** sein wird, sondern auch sehr früh dazu in der Lage sein, Sie von allen fachlichen Arbeiten zu entlasten, die nichts mit Ihrer ureigensten anwaltlichen Tätigkeit zu tun haben.

Daß eine solche gut ausgebildete Kraft nach bestandener Prüfung etwas teurer ist als die, die die Prüfungsnorm mit Ach und Krach geschafft hat, sollte selbstverständlich sein. Die Mehrausgabe lohnt sich jedoch, indem Sie selbst entweder mehr Anwaltstätigkeit ausüben können oder aber endlich in den Genuß von etwas mehr Freizeit kommen. Ein weiteres Plus kommt hinzu: Sehr gute Kräfte haben erfahrungsgemäß erheblich weniger Fehlzeiten als unmotivierte schwache Kräfte.

Sie dürfen nur einen Fehler mit derartigen Kräften nicht machen: Spitzenkräfte dürfen niemals unterfordert werden. Sobald dies geschieht, sinkt spürbar die Leistungsbereitschaft. Das Gleiche tritt übrigens ein, wenn Sie als Chef die beruflichen Fortschritte als selbstverständlich ansehen und nicht lobend zur Kenntnis nehmen. Gerechtes **Lob** zur rechten Zeit erspart in der Praxis oft Gehaltserhöhungen!

Gleiches, was für die Auszubildenden gilt, ist natürlich auch für die Vollkräfte richtig. Sorgfältig ausgewählte **Fortbildungsmaßnahmen** erhöhen ganz erheblich den möglichen Einsatzbereich.

Bilden Sie nach dem oben bezeichneten System Ihre Auszubildenden aus und geben Sie ihnen die Möglichkeit zu guter Weiterbildung, und Sie werden Ihr blaues Wunder erleben, was alles an Aufgaben delegiert werden kann. Sie können sich ganz auf Ihre anwaltliche Tätigkeit und die Erschließung neuer, wirtschaftlich lukrativer Aufgabenbereiche beschränken.

Wenn eine solche Top-Kraft abwandert, ist die Lücke natürlich nicht leicht zu schließen. Entweder bilden Sie Ihren Nachwuchs permanent entsprechend aus und verjüngen hierdurch den Personalbestand, was langfristig die Kosten senkt, jedoch dauernden Einsatz in der Ausbildung voraussetzt, oder Sie binden Ihre guten Leute an Ihre Praxis. Dies ist möglich mit **zusätzlicher Altersversorgung**, Zahlung von Treueprämien und ähnlichen Anreizen. Entscheidend wird jedoch immer sein, daß das Umfeld in der Praxis (also das **Betriebsklima**) optimiert wird. Was spricht dagegen, daß Sie als Chef regelmäßig Gutscheine für Rückengymnastik oder Massage verteilen oder aber im Keller ein Fitness-Studio für die Mittagspause einrichten?

Achten Sie jedoch bei Ihren besten Kräften darauf, daß jede Funktion in Ihrem Büro möglichst doppelt besetzt ist. Wenn es für eine bestimmte Tätigkeit nur eine Spezialistin gibt, werden Sie leicht erpreßbar, was die Gehaltsvorstellungen angeht.

Zahlen Sie gut und leistungsgerecht, aber nie aus einem personellen Engpaß heraus überhöhte Gehälter. Von diesem Sockel kommen Sie ohne Schaden nie wieder herunter!

Noch ein Letztes zum Thema Personal: Bleiben Sie auch bei langjährig beschäftigten, sehr guten Fachkräften immer kritisch. Je anspruchsvoller die Funktion ist, umso eher sollten Sie stichprobenartige Überprüfungen vornehmen, insbesondere bei den Kräften, die mit **Bargeld** oder **Zahlungsverkehr** und **Buchführung** zu tun haben.

Nachhaltig betrogen werden Sie immer nur von Menschen, denen Sie uneingeschränktes Vertrauen geschenkt haben. Jemand anderen würden Sie ja nicht in diese Position setzen. Sollten Sie bei einer heimlichen Kontrolle auf eine kleine **Unregelmäßigkeit** stoßen, so machen Sie eine **offizielle Routinekontrolle**, entdecken den Fehler und sprechen Sie darüber. Zu diesem Zeitpunkt brauchen Sie noch keine personellen Konsequenzen zu ziehen. Sie behalten eine qualifizierte Mitarbeiterin, die Sie ja auch brauchen, und Ihre Mitarbeiterin behält einen soliden Arbeitsplatz. Würden Sie mangels Kontrolle später auf weitere Unregelmäßigkeiten in einem größeren Umfang stoßen, so bliebe Ihnen nichts anderes übrig, als die notwendigen personellen Konsequenzen zu ziehen, nicht zu reden davon, daß für Sie damit unter Umständen ein erheblicher wirtschaftlicher Schaden entstanden ist.

5. Referendare

Literatur:

- Junge-Ilges, Der Wert der Anwaltstation, AnwBl 1996, 16

Referendare können während der Anwalts- und Wahlstation, aber auch als Nebenbeschäftigungsreferendar in der Kanzlei ausgebildet bzw. eingesetzt werden. Die Vorteile der Beschäftigung von Referendaren liegen auf der Hand. Selbst bei fairer Bezahlung (ab 15 DM pro Stunde aufwärts) rechnet sich die Beschäftigung regelmäßig, da Referendare in der Anwaltsstation wegen der größeren Freiheiten sehr motiviert sind. Außerdem kann man frühzeitig prüfen, ob jemand für die Erweiterung der Kanzlei durch Anstellung oder Aufnahme in die Bürogemeinschaft oder Sozietät fachlich und persönlich geeignet erscheint.

Gerne schicken Rechtsanwältinnen und Rechtsanwälte die bei ihnen in der Rechtsanwalts- oder Wahlstation beschäftigten Rechtsreferendarinnen und Rechtsreferendare zu **Gerichtsterminen**. Wie gerne würden beide Seiten diese Möglichkeiten auch über die Stationsausbildung hinaus ausweiten, wäre da nicht die Problematik der **Zulässigkeit der Beauftragung von Rechtsreferendarinnen und Rechtsreferendaren** außerhalb der Anwaltsstage. Häufig herrscht über die Frage, ob Rechtsreferendarinnen und Rechtsreferendare in Nebenbeschäftigung bei Rechtsanwältinnen und Rechtsanwälten durch die Wahrnehmung von Gerichtsterminen beschäftigt werden können, bei Kolleginnen und Kollegen nebulöse Unsicherheit.

Dabei ist die Sache eigentlich geklärt und zudem in recht einfacher Weise. Das Bundesarbeitsgericht hat die **Unterscheidung zwischen Stationsreferendarin bzw. -referendar sowie Nebentätigkeitsreferendarin bzw. -referendar** inzwischen nämlich aufgegeben. Folgt man dem Bundesarbeitsgericht (BAG, NZA 1990, 665), wofür einiges spricht, gilt folgendes:

In Prozessen mit **Anwaltszwang** gelten die allgemeinen Grundsätze (§ 78 Abs. 1 ZPO). Prozeßhandlungen anderer Personen, also auch von Rechtsreferendarinnen und Rechtsreferendaren sind unwirksam. Ausnahmen ergeben sich aus den §§ 53 und 59 Abs. 2 BRAO für zum

allgemeinen Vertreter einer Anwältin oder eines Anwalts bestellte Rechtsreferendarinnen und Rechtsreferendare. Die Vertreterin bzw. der Vertreter hat dann gemäß § 53 Abs. 7 BRAO die vollen anwaltlichen Befugnisse.

Im **Parteiprozeß** besteht zwischen Stations- und Nebentätigkeitsreferendarinnen und -referendaren **kein Unterschied**. Entsprechende Vorbehalte sind prozeßrechtlich überholt. Das Bundesarbeitsgericht ist der früher herrschenden Meinung (Nachweise bei BAG, NZA 1990, 665) nicht gefolgt, nach der sich eine solche Unterscheidung aus § 157 Abs. 1 und 2 ZPO ergeben sollte. Nach § 11 Abs. 3 ArbGG und § 157 ZPO sind nur solche Personen als Bevollmächtigte und Beistände in der mündlichen Verhandlung ausgeschlossen, die die Besorgung fremder Rechtsangelegenheiten geschäftsmäßig betreiben. **Unterbevollmächtigte Rechtsreferendarinnen** und Rechtsreferendare, auch in Nebenbeschäftigung, betreiben nicht geschäftsmäßig fremde Rechtsangelegenheiten. Nach Art. 1 § 1 RBerG ist nur eine selbständige Betreuung fremder Rechtsangelegenheiten unzulässig, nicht dagegen die bei Rechtsreferendarinnen und Rechtsreferendaren vorliegende unselbständige Betreuung. Wer als Angestellte oder Angestellter eine Rechtsangelegenheit weisungsgebunden bearbeitet, handelt auch dann nicht geschäftsmäßig, wenn der Geschäftsherr seinerseits insoweit geschäftsmäßig tätig wird (BAG, a.a.O., m.w.N.). Es bleibt noch darauf hinzuweisen, daß die Rechtsprechung des Bundesarbeitsgerichts zum Arbeitsgerichtsverfahren wegen der Bezugnahme auf die zivilprozessuale Regelung auch für das **Zivilprozeßrecht** gilt.

Die Frage, ob Nebentätigkeitsreferendarinnen und -referendare in Untervollmacht vor Gericht auftreten können, ist demnach letztlich **eine Frage der Standesgemäßheit des Handelns**, aber nicht der Prozeßrechts. Es wird angenommen, daß die häufige Wahrnehmung von Gerichtsterminen durch Rechtsreferendarinnen und Rechtsreferendare außerhalb der Stationsausbildung mit Untervollmacht standeswidrig ist (z.B. Feuerich, § 59 BRAO Rn. 8; EGH, BRAK-Mitt. 82, 35).

Anders stellt sich die Sachlage nach der **StPO** dar. Nach § 139 StPO können Stationsreferendarinnen und -referendare auch vor den höheren Gerichten auftreten (Löwe/Rosenberg, § 139 StPO Rn. 3). Nebenbeschäftigungsreferendarinnen und -referendare dürfen dagegen im Ermittlungsverfahren nicht mit Untervollmacht für die Wahlverteidigerin bzw. den Wahlverteidiger auftreten (BGH, NJW 1973, 64).

Richtig ist, daß Stationsreferendarinnen und Stationsreferendare einerseits und Nebentätigkeitsreferendarinnen und -referendare andererseits gemäß § 4 BRAGO gebührenrechtlich unterschiedlich zu behandeln sind. Nach § 4 BRAGO ist die **Vergütung nach der BRAGO** zu bemessen, wenn eine Vertretung durch Stationsreferendarinnen und -referendare erfolgt. Auch Reisekosten nach § 28 BRAGO können wie für eigene Reisen verlangt werden. Für die Tätigkeit von Nebenbeschäftigungsreferendarinnen und -referendaren richtet sich die Vergütung nicht nach § 4 BRAGO, sondern nach § 612 BGB. Danach kann die übliche Gebühr verlangt werden, die nach den Umständen die Höhe der nach der BRAGO zu zahlenden Gebühr erreichen kann (Göttlich/Mümmler, BRAGO, »Referendar« Anm. 2.2 m.w.N.).

Tip:
Da auch die Rechtsprechung bei der Frage der Unüblichkeit uneinheitlich ist, vereinbaren Sie auf einem Formular bereits bei der Aufnahme des Mandates mit der Mandantschaft, daß die Gebühren nach der BRAGO auch bei der Tätigkeit eines Referendars anfallen.

Weitere Probleme ergeben sich bei der Frage, ob die Gebühren für Nebentätigkeitsreferendarinnen und -referendare **kostenrechtlich erstattungsfähig** sind. Nach § 91 Abs. 1 ZPO hängt dies davon ab, ob es sich um Kosten handelt, die zur zweckentsprechenden Rechtsverfolgung oder Rechtsverteidigung erforderlich waren. In Strafsachen ist die Frage der Erstattungspflicht heftig umstritten (vgl. dazu im einzelnen Göttlich/Mümmler, a.a.O., Anm. 2.3 m.w.N.).

In der Anwaltsstation ist den Referendarinnen und Referendaren **das Tragen der Robe** erlaubt. In der Praxis gibt es unterschiedliche Handhabungen im Hinblick auf Nebenbeschäftigungsreferendarinnen und -referendare. Erkundigen Sie sich im Zweifel bei Gericht nach der praktischen Handhabung. Es ist nicht zu empfehlen, die Robe als

Nebentätigkeitsreferendarin bzw. -referendar ohne eine solche Abklärung zu tragen.

Die **Bezahlung der Rechtsreferendarinnen und Rechtsreferendare** bei Anwälten außerhalb der Anwaltsstation variiert, üblich sind ab 15 DM je Stunde. Bei größeren Kanzleien sollen Stundensätze von 20 bis 25 DM, bei Fremdsprachenkenntnissen um 35 DM und mehr gezahlt werden. Manche Kanzleien zahlen bei einer Ganztagestätigkeit in der Rechtsanwaltsstation bis zu 1800 DM neben den Referendarbezügen. Üblich sind 500 DM bis 1500 DM (Junge-Ilges, a.a.O.).

Jüngere Kanzleien sollen tendenziell höhere Entgelte zahlen als alteingesessene Kanzleien. Dies mag damit zusammenhängen, daß die Erinnerung an die eigenen Nöte während des Referendariats noch frisch und der Umgang in finanzieller Hinsicht kollegialer ist. Verdienst kann aber nicht das entscheidende Kriterium sein, interessanter an der Nebentätigkeit bei einer Anwältin bzw. einem Anwalt ist die Möglichkeit, einen potentiellen späteren Beruf frühzeitig kennenzulernen und vielleicht sogar eine **spätere Beschäftigungsmöglichkeit** bei beiderseitigem Gefallen zu finden. Gleichwohl sollte eine **faire Bezahlung** selbstverständlich sein.

Zu beachten ist, daß eine nach den landesbeamtenrechtlichen Vorschriften erforderliche Nebentätigkeitsgenehmigung von den Referendarinnen und Referendaren zu beantragen ist.

Bei einer Nebenbeschäftigung auf einer zweiten Lohnsteuerkarte erhält die Referendarin bzw. der Referendar die Steuerklasse VI mit entsprechend hohen Abzügen. Arbeitet die Referendarin bzw. der Referendar als **Selbständige** oder **Selbständiger** im Rahmen einer freien Mitarbeit oder bei Vorträgen gegen Honorar, so fällt auch hier entsprechende Steuer für die Referendarin bzw. den Referendar an.

Unter bestimmten Umständen ist bei nur gelegentlichen oder geringfügigen Nebentätigkeiten eine **Pauschalierung der Steuer** möglich. In beiden nachfolgend aufgeführten Fällen der Pauschalierung darf der Stundenlohn durchschnittlich nicht mehr als 20,65 DM pro Stunde betragen.

Bei **kurzzeitig beschäftigten Aushilfskräften** beträgt der Pauschsteuersatz nach § 40 a Abs. 1 EStG 25%. Voraussetzung ist, daß die

Aushilfe nur gelegentlich beschäftigt wird, die Dauer der Beschäftigung höchstens 18 zusammenhängende Arbeitstage beträgt und als Entgelt nicht mehr als 120 DM pro Arbeitstag gezahlt werden.

Bei **einer geringfügigen, aber regelmäßigen Nebenbeschäftigung** beträgt der pauschale Steuersatz gemäß § 40 a Abs. 2 EStG 20 %. Voraussetzung ist, daß die Beschäftigungsdauer höchstens 86 Stunden monatlich beträgt und als Arbeitsentgelt nicht mehr als 590 DM gezahlt wird. Wird wöchentlich abgerechnet, darf die Beschäftigungshöchstdauer 20 Stunden und das Arbeitsentgelt einen Betrag von 137,67 DM pro Woche nicht überschreiten.

Bei der Beschäftigung von Rechtsreferendarinnen und Rechtsreferendaren sind auch **sozialversicherungsrechtliche Problematiken** zu berücksichtigen. Die **Versicherungsfreiheit** der Beamtinnen und Beamten im Hinblick auf die **Krankenversicherung** beschränkt sich nämlich nur auf das Beamtenverhältnis. Bei Beamtinnen und Beamten, die außerhalb ihres beamtenrechtlich geregelten Beschäftigungsverhältnisses einer Beschäftigung nachgehen, ist allein nach sozialversicherungsrechtlichen Vorschriften zu entscheiden, ob eine solche Beschäftigung versicherungsfrei ist oder nicht (Scheerbarth/Höffken/Bauschke/Schmidt, Beamtenrecht, § 30 II Nr. 1). Versicherungsfreiheit besteht nur bei **zeitlicher oder entgeltlicher Geringfügigkeit**, vgl. § 8 SGB IV. Danach sind nur solche Nebenbeschäftigungen beitragsfrei, die unter **590 DM** (500 DM neue Bundesländer) liegen *und* nicht über 15 Wochenstunden hinausgehen. Geht die Nebentätigkeit über diesen Umfang hinaus, wird sie krankenversicherungspflichtig. Krankenversicherungsfrei sind daher nur Hinzuverdienste bis 590 DM (500 DM), was kaum bekannt ist.

Für die **Versicherungspflicht in der Arbeitslosenversicherung** gilt § 169 a AFG. Kurzzeitige und geringfügige Beschäftigungen sind hiernach beitragsfrei. Die Begriffe des § 169 a AFG decken sich jedoch nicht mit denen aus § 8 SGB IV. Nach § 169 a AFG sind solche Nebenbeschäftigungen von Beamtinnen und Beamten beitragsfrei, die 18 Wochenstunden oder die **Einkommensgrenze von 590 DM** (500 DM neue Bundesländer) nicht überschreiten. Da beide Voraussetzungen kumulativ vorliegen müssen, erreichen auch vielbeschäftigte Referendarinnen und Referendare die Grenze zur Versicherungspflicht nicht. Nebentätigkeiten in einem Umfang von über 18 Wochenstunden sind regelmäßig auch dienstrechtlich nicht genehmigungsfähig.

Achtung:
Die Ausführungen zur Pauschalierung der Lohnsteuer und der Versicherungsfreiheit in der Sozialversicherung gelten ebenso für nichtjuristische Aushilfen (Schreibkräfte, Reinigungsmann/-frau etc.).

6. Studenten

Auch die frühzeitige Beschäftigung von Studenten kann sich gewinnbringend auswirken. Diese können die Kanzlei technisch und fachlich auf dem Laufenden halten. Wenn man die Büros von alteingesessenen Kolleginnen und Kollegen ansieht, wird man manchmal das Gefühl haben, die Zeit sei irgendwann stehengeblieben. Hiergegen kann die Beschäftigung von Studentinnen und Studenten wirkungsvoll eingesetzt werden, da durch den Austausch mit diesen sowohl technischen als auch manchmal fachlichem Dornröschenschlaf des Büros quasi automatisch entgegengewirkt werden kann.

Lassen Sie diesen Aushilfskräften **Freiraum zur Entfaltung von Ideen** und Sie können eine viel teurere Unternehmensberatung häufig ersparen. In der Wirtschaft nennt man dies KVP (Kontinuierlicher Verbesserungsprozeß).

Außerdem sind auch **Aushilfskräfte** (und deren soziale Kontakte) potentielle Mandanten, vor allem, wenn diese von der Leistungsfähigkeit Ihres Büros überzeugt sind.

Zu beachten sind freilich die arbeitsrechtlichen und sozialversicherungsrechtlichen Grenzen (s. dazu oben unter Referendare). Unschlagbar günstig ist natürlich auch die Beschäftigung im Rahmen eines universitären **Praktikums**.

XIV. Die Steuern in der Rechtsanwaltskanzlei

Literatur:

- Burhoff/Obermeier, Besteuerung der Rechtsanwälte und Notare, Verlag Neue Wirtschaftsbriefe, 1991
- Dornbusch/Jasper, Die Besteuerung der Rechtsanwälte und Notare, 1987
- Korn, Besteuerung der Rechtsanwälte und Notare – Einzelpraxis, Sozietät, Bürogemeinschaft, 1982
- Meyer, Die Besteuerung der Anwaltskanzlei, 2. Auflage 1996

Die folgenden Ausführungen können die o.a. Literatur naturgemäß schon aus Raumgründen nicht ersetzen. Dort müssen und können die vielfach im laufenden Kanzleibetrieb auftretenden **Einzelfallprobleme** nachgesehen werden. In diesen Werken unbeantwortete praktische Fragestellungen zu Beginn der Anwaltstätigkeit sollen allerdings in diesem Kapitel beantwortet werden.

Die erste Frage, die sich dem Berufsanfänger in der neugegründeten Einzelpraxis und Bürogemeinschaft bzw. Sozietät stellt, ist nämlich nicht, ob der Ehepartner von der Steuer abgesetzt werden kann, sondern wie die **Steuerunterlagen praktisch zu führen sind**. Des weiteren ist die Frage zu beantworten, ob eine Steuerberatung für die Buchungen und Führung der steuerlichen Aufzeichnungen in Anspruch genommen werden soll.

Zunächst sind jedoch einige Ausführungen zur **Besteuerung der Rechtsanwälte** angebracht. Freiberufler gehören zu den privilegierten unternehmerisch tätigen Steuerzahlern, was **Anforderungen an die Buchführungspflichten** angeht. Gleichwohl tun sich insbesondere Anfänger schwer mit dieser für sie ungewohnten und lästigen Aufgabe, da dies weder Gegenstand des Studiums noch der Referendarausbildung war.

Anwälte als Angehörige der freien Berufe können ihren Gewinn nach § 4 Abs. 3 EStG durch eine sogenannte **Einnahme-/Überschußrechnung** ermitteln. Diese Art der Gewinnermittlung ist – weil einfacher – der Regelfall und soll daher den folgenden Ausführungen zugrunde gelegt werden.

Die andere Möglichkeit für Anwälte besteht in der **Gewinnermittlung durch den Betriebsvermögensvergleich** nach § 4 Abs. 1 EStG. Dieser ist zwar genauer (Burhoff/Obermeier, S. 26), aber auch unverhältnismäßig komplizierter und wird daher jedenfalls für Berufsanfänger nicht in Betracht kommen. Bei der Entscheidung für und der Anwendung des Betriebsvermögensvergleichs sollte in jedem Fall ein Steuerberatungsbüro hinzugezogen werden.

Bei der Gewinnermittlung durch **Einnahme-/Überschußrechnung** wird der Gewinn – vereinfacht ausgedrückt – durch Gegenüberstellung der Betriebseinnahmen und der Betriebsausgaben ermittelt. Die Differenz ergibt den zu versteuernden Gewinn. Dabei sind die einzelnen Einnahme- und Ausgabepositionen für das Finanzamt zu belegen. Die Pflicht, Einzelaufzeichnungen über die **Betriebseinnahmen** zu führen, ergibt sich bereits aus § 22 UStG. **Die Betriebsausgaben** sind jedenfalls nach § 160 AO dem Finanzamt zu belegen. Sie müssen einzeln und fortlaufend aufgezeichnet werden. Anderenfalls kann das Finanzamt den Abzug der Ausgaben verweigern.

Einnahmen sind in dem Wirtschaftsjahr anzusetzen, in dem sie geleistet wurden (z. B. Datum der Gutschrift auf dem Konto). Es gilt das Zuflußprinzip: Maßgeblich ist die tatsächliche Verfügungsmöglichkeit über den Betrag.

Ausgaben sind in dem Jahr abzusetzen, in dem sie geleistet worden sind. Die Ausgaben, die durch Existenzgründungskredite finanziert wurden, sind daher grundsätzlich als jeweiliger Kaufbetrag im Jahr des Kaufes abzusetzen, nicht als Darlehensrate im Zeitpunkt der Rückzahlung. Allerdings gilt auch im Rahmen der Einnahme-/Überschußrechnung die AfA (Absetzung für Abnutzung). Aufwendungen für Anlagegüter, die der Abnutzung unterliegen, werden daher auf die Nutzungsdauer verteilt, sofern der Kaufpreis nicht unter 800 DM liegt (§§ 6, 7 EStG).

Bei den **Betriebsausgaben** gilt das **Abflußprinzip** (§ 11 EStG). Bei Zahlung durch **Überweisungsauftrag** ist das Datum der Abgabe des Trägers bei der Bank (genügende Deckung des Kontos vorausgesetzt) maßgeblich. Bei Zahlung durch **Scheck** ist dagegen wie bei der Barzahlung der Zufluß beim Gläubiger maßgeblich, also die Einreichung des Schecks und Auszahlung beim Barscheck oder die Gutschrift nach Einreichung des Verrechnungsschecks. **Vorschüsse** sind bereits im Zeitpunkt des Zufließens als Betriebseinnahmen zu verbuchen. Bei späterer Rückzahlung stellen sie also Betriebsausgaben dar. Die **Umsatzsteuer** ist kein durchlaufender Posten! Die Umsatzsteuer wird vielmehr wie eine Einnahme bzw. Ausgabe behandelt.

Als **Buchführungsarten** sind die sogenannte **Belegbuchführung** und die **Journalbuchführung** verbreitet.

Egal, welche Buchführungsart man bevorzugt: Das im Vordringen befindliche und zunehmend propagierte Chaosmanagement sollte im Buchführungs- und Kontenbereich nicht eingeführt werden. Wenn Sie die nachfolgenden Hinweise beherzigen, werden Sie – anders als viele Ihrer Kolleginnen und Kollegen – vom ersten Tag Übersicht über die wirtschaftliche Situation der Kanzlei haben und können einer **Betriebsprüfung** gelassen ins Auge sehen.

Wichtig ist zunächst einmal, Privates und Geschäftliches zu trennen. Dies gilt auch und insbesondere für die Konten. Richten Sie möglichst bald ein **Geschäftskonto** bei Ihrer Hausbank ein. Handeln Sie hierbei günstige Konditionen aus, insbesondere einen großzügigen und nicht zu teuren Überziehungsrahmen. Aus dem **Überziehungsrahmen** lassen sich z. B. Verzögerungen bei der Bezahlung von Rechnungen überbrücken. Der Überziehungsrahmen sollte dagegen nicht als Dauerkredit genutzt werden, da es hierfür günstigere Alternativen auf dem Kapitalmarkt gibt. Zur Zeit sind Geschäftskredite für ca. 6 % effektiven Jahreszins erhältlich.

Überweisen Sie sich monatlich **regelmäßige** Beträge für den Lebensunterhalt (Entnahme) und richten Sie hierfür einen **Dauerauftrag** zu Lasten des Geschäftskontos und zugunsten des Privatkontos ein. Dies sorgt – im Unterschied zu verschieden hohen Entnahmen jeweils im Bedarfsfalle – für Ordnung und Übersicht bei der Konto- und Buchführung. Die Höhe der monatlichen Entnahme richtet sich nach den erwarteten Erlösen und nach Ihren Bedürfnissen. Der Betrag kann daher bei 5000 DM monatlich (eher unwahrscheinlich) liegen, aber auch gegen 0 DM tendieren. Dies wird z. B. dann der Fall sein, wenn Sie den Bedarf für die private Lebensführung anderweitig, möglicherweise durch den Verdienst des Lebenspartners, Ersparnisse oder einen zur freien Verfügung stehenden Geschäftskredit decken können.

Es empfiehlt sich auch in anderen Bereichen (Personal, Miete) Daueraufträge einzurichten und diese durch die Bank bereits so präzise zu bezeichnen, daß auf den Kontoauszügen die entsprechenden Betriebsausgaben genau zu identifizieren sind. Sofern dies nicht möglich ist, müssen die entsprechenden Angaben auf dem Kontoauszug jeweils handschriftlich ergänzt werden.

Bei Überweisungen und Aufträgen per Überweisungsträger oder Telebanking z. B. durch **T-Online** (vormals BTX) notieren Sie bitte bei Erhalt der Kontoauszüge den Gegenstand der Ausgabe und den Adressaten. Aus den **Kontoauszügen** geht meistens nur der Betrag und die Art der Transaktion (also »Auftrag« oder »Lastschrift« u. ä.) hervor. Durch die Eintragung der anderen Informationen haben Sie anhand der Kontoauszüge Überblick wenigstens über die größeren Ausgaben.

Einige **Rechtsschutzversicherer** überweisen die Honorarzahlungen immer noch nicht, sondern übersenden Verrechnungsschecks. Diese für Anwälte eher lästige und umständliche Methode bedingt einige Hinweise. Die **Verrechnungsschecks** reichen Sie wie gewohnt bei Ihrer Bank ein. Da die Banken diesen Service in aller Regel auf den Kunden abgewälzt haben, müssen Sie (bzw. Ihre Mitarbeiter) üblicherweise die Schecks auf einem Formular der Bank eintragen und einreichen. Auch auf den Einreichungsformularen tragen Sie die jeweilige Aktennummer und/oder den Namen des Mandanten und die Sache (»./. Müller wegen Miete« o.ä.) ein.

Durchschläge von Überweisungen, Scheckeinreichungen u. ä. bewahren Sie bei den Kontoauszügen auf, damit Sie anhand der Durchschläge die korrekten handschriftlichen Ergänzungen auf den Auszügen vornehmen können.

Die **Kontoauszüge** lassen Sie sich am besten einmal im Monat zusenden, sofern die Übersicht über den Kontenstand anderweitig gesichert ist (T-Online oder ähnliches). Wegen der Pflicht zur unverzüglichen Weiterleitung von Fremdgeldern müssen Sie sich ansonsten bei jeder Bewegung Kontoauszüge zusenden lassen oder regelmäßig abholen (dies spart zwar Portokosten, kostet aber wertvolle Zeit). Reservieren Sie nach dem Termin der Zusendung eine Stunde für die handschriftliche Ergänzung der Auszüge und die Kontrolle der Buchführung.

Portoquittungen und **Barkäufe** müssen immer quittiert sein. Legen Sie hierfür einen Barordner an, in dem die Belege fortlaufend gesammelt werden.

Tip:
Geben Sie auf ihren Rechnungen immer ein deutlich hervorgehobenes **Rechnungszeichen** (am besten das Aktenzeichen zuzüglich einer weiteren zweistelligen Ziffer (01, 02 u.s.w.) zur Kennzeichnung und Identifizierung auch von Teilzahlungen zu einer Akte an, damit Sie den Überweisungsbetrag immer zuordnen können. Sie haben noch keine Vorstellung darüber, unter welchen Bezeichnungen Firmen und Rechtsschutzversicherungen ansonsten die fälligen Honorare überweisen.

Zur besseren Ordnung der Buchführungsunterlagen können Sie natürlich **Kreditkarten** einsetzen. Vorteile sind neben der späteren Abbuchung der Beträge die ordentliche Belegung durch das Kreditkartenunternehmen. Wer kennt nicht verlegte Bewirtungs- oder Tankquittungen! Sie können im Bereich der Barzahlung sämtliche Bewirtungs- und PKW-Kosten (Tanken, Wäsche, Reparatur) über eine ausschließlich geschäftlich genutzte Kreditkarte laufen lassen. Auch ohne Kreditkarte lassen sich Teile der PKW-Kosten (Benzin, Wäsche etc.) durch die inzwischen verbreitete Online-Abbuchung mittels Ihrer EC-Karte übersichtlich auf dem Geschäftskonto verbuchen.

XV. Die Buchführung

Für den Berufsanfänger ist die reine **Belegbuchführung** die einfachste Methode, die Ein- und Ausgaben zeitlich geordnet aufzuzeichnen. Da hier die »Fremdgeldverwaltung« allerdings relativ undurchsichtig ist, ist diese Art der Buchführung nicht unbedingt empfehlenswert.

Die Belegbuchführung ist nur in Verbindung mit der Auftragsvergabe an ein Steuerberatungsbüro, das dann nach »DATEV-Kontenplan« eine sehr aussagekräftige EDV-Buchführung für Sie einrichten und betreuen wird, zweckmäßig. Diese Buchführung ist ausgezeichnet, jedoch erfahrungsgemäß für den Berufsanfänger ein relativ hoher Kostenfaktor.

Wer den Start ins selbständige Anwaltsleben sofort mit guter Anwaltssoftware durchführt, verfügt zugleich über eine in die Software integrierte **elektronische Buchführung**. Die entsprechenden Programme sind derzeit bereits für ca. 3000 DM pro Arbeitsplatz (vor Jahresfrist noch ca. zehn- bis vierzehntausend DM) erhältlich. Wer diese Investition zunächst zurückstellen will, bis er einen Überblick über die auch dauerhaften Einnahmemöglichkeiten seiner Praxis hat, dem bleibt als kostengünstige Alternative noch die gute alte **Journalbuchführung**.

Ein Beispiel für die Einrichtung der Journalbuchführung sehen Sie auf der nebenstehenden Seite.

Sie buchen die einzelnen aufzeichnungspflichtigen Vorgänge nach Datum, Zahlungsart (Kasse, Bank, Sparkasse etc.) und Sachbezeichnung.

Beispiel:
Nehmen wir an, Sie haben als Buchungsvorgang (laufende Nummer) Nr. 1 des Monats in der Sache Pattex ./. Uhu einen Vorschuß vom Mandanten in Höhe von 2000 DM auf ihr Konto bei der Kreissparkasse erhalten und müssen 450 DM in der Sache an Gerichtskosten einzahlen. Sie tragen in die Spalten wie folgt ein:

Spalte 1	1/I/96
Spalte 2	2. 1. 1996
Spalte 3	Kreissparkasse
Spalte 4	Pattex ./. Uhu (Vorschuß) Spalte 4 muß als Textspalte daher breit angelegt sein
Spalte 5	1347,83 DM
Spalte 6	202,17 DM
Spalte 7	+ 450 DM

Zahlen Sie jetzt die **Gerichtskosten** per Scheck ein, so lautet die Buchung:

Spalte 1	2/I/96
Spalte 2	3. 1. 1996
Spalte 3	Kreissparkasse
Spalte 4	Pattex ./. Uhu (Gerichtskosten)
Spalte 5	
Spalte 6	
Spalte 7	./. 450 DM

Die gleiche Aufzeichnung nehmen Sie in Ihrem Handaktenblatt vor, damit Sie aus der Akte den Finanzverkehr ersehen können.

Hätten Sie in der gleichen Sache dagegen die vollen 2000 DM auf Honorar gebucht, so lautet die Buchung im Journal (Spalte 1 – 4 wie erste Buchung):

Spalte 1	1/I/96
Spalte 2	2. 1. 1996
Spalte 3	Kreissparkasse
Spalte 4	Pattex ./. Uhu (Vorschuß)
Spalte 5	1739,13 DM
Spalte 6	260,87 DM
Spalte 7	

Von der Auszahlungsbuchung müßten Sie in diesem Fall die **Umbuchung** vornehmen wie folgt:

Spalte 1	1a/I/96
Spalte 2	2. 1. 1996 (oder 3. 1. 1996)
Spalte 3	bleibt offen (oder Symbol für Umbuchung eintragen)
Spalte 4	Pattex ./. Uhu
Spalte 5	./. 58,70 DM
Spalte 6	+ 450 DM
Spalte 7	391,30 DM

Nur durch diese Umbuchung verhindern Sie, daß Sie von den aufgewendeten steuerfreien Auslagen in Höhe von 450 DM Mehrwertsteuer an das Finanzamt abführen, obwohl es sich nicht um Ihren Honorarumsatz handelt.

Sie haben Büroeinrichtung angeschafft und müssen diese bezahlen. Sie überweisen 10 800 DM über Ihr Konto bei der Postbank. Die Eintragung im Journal sieht wie folgt aus:

Spalte 1	3/I/96
Spalte 2	4. 1. 1996
Spalte 3	Postbank
Spalte 4	Rechnung Firma Ikea
Spalte 5	
Spalte 6	
Spalte 7	
Spalte 10	1 408,70 DM
Spalte 17	9 301,30 DM

Sie sehen, daß in Spalte 17 die Investitionen eingetragen werden, die als Einzelausgabe nicht in die Konten fallen, sondern über mehrere Jahre »abgeschrieben« werden. Die jährliche **Abschreibung** stellt die steuerlich relevanten Betriebskosten dar. Bei den Aufwendungen Spalte 11 bis Spalte 16 handelt es sich um Betriebsausgaben, die sofort bzw. innerhalb des Jahres Ihr Betriebsergebnis reduzieren und somit die von Ihnen zu zahlende Einkommensteuer mindern.

Sie erhalten von der Versicherung in einer Unfallschadensregulierungssache Raser ./. Schleicher einen Betrag von 11 150 DM, wovon 10 000 DM für Ihren Mandanten bestimmt sind (Fremdgeld) und der Rest Ihr Honorar ist. Die Eintragung im Journal lautet in diesem Fall:

Spalte 1	4/I/96
Spalte 2	8. 1. 1996
Spalte 3	Kreissparkasse
Spalte 4	Raser ./. Schleicher (von Versicherung Honorar und Fremdgeld)
Spalte 5	1000 DM
Spalte 6	150 DM
Spalte 7	
Spalte 8	10000 DM

Sie müssen nun das **Fremdgeld** an den Mandanten weiterleiten. Die Buchung lautet:

Spalte 1	5/I/96
Spalte 2	9. 1. 1996
Spalte 3	Kreissparkasse
Spalte 4	Raser ./. Schleicher (Fremdgeld an Mandant)
Spalte 5	
Spalte 6	
Spalte 7	
Spalte 8	
Spalte 9	10000 DM

Achten Sie darauf, daß eingehende **Fremdgelder** sofort weiterzuleiten sind, da Sie sich sonst unter Umständen dem Vorwurf einer Unterschlagung ausgesetzt sehen. Sollte aus bestimmten Gründen eine sofortige Weiterleitung des Fremdgeldes nicht opportun sein, so sind Sie gehalten, den Betrag sofort auf Ihr **»Mandantenanderkonto«** zu überweisen. Ein »Mandantenanderkonto« unterliegt nicht der Pfändung und kann, da es ausschließlich im HABEN geführt wird, nie blockiert werden. Der Rechtsanwalt, der Fremdgelder auf seinem Geschäftskonto beläßt und infolge Pfändungsmaßnahmen in sein Geschäftskonto oder anderer widriger Umstände Mandantengelder nicht auszahlen kann, macht sich strafbar. Auch kann für ihn ein derartiges Verhalten den Verlust der Zulassung nach sich ziehen. Vermeiden Sie also von Anfang an und konsequent, anfänglich nicht selten auftretende Engpässe auf dem Geschäftskonto mit der zeitlichen Streckung der Auszahlung von Mandantengeldern zu überbrücken.

Sie würden damit selbst den Strick knüpfen, an dem Sie aufgehängt werden.

In Spalte 11 »Raumkosten« wird nicht nur die Mietzahlung gebucht, sondern auch die Nebenkosten wie Strom, Wasser, Heizung und andere Nebenkosten.

Spalte 13 »Lohnkosten« beinhaltet nicht nur das Nettogehalt Ihres Personals, sondern auch Lohnsteuern, Sozialversicherungsabgaben, vermögenswirksame Leistungen, Beiträge zur Berufsgenossenschaft, Fahrtkostenerstattung, ferner auch Beträge, die Sie als Drittschuldner aufgrund von Lohnpfändungen abzuführen haben.

Sollten Sie eine weiter aufgeschlüsselte Übersicht über die Kostenstruktur der Kanzlei wünschen, so können Sie die Konten-Spalten nach Ihrer Wahl (Einnahmen nach Referaten, Anwälten etc.) beliebig erweitern.

Noch ein Tip zum Schluß:

Wenn Sie einen Prozeß beendet haben und Ihr Honorar ist vom Mandanten oder seiner Rechtsschutzversicherung vollständig gedeckt, so sind von der Gegenseite eingehende Erstattungen **Fremd-**

geld. Buchen Sie also entsprechend. Sie ersparen sich das Aufsplitten von Nettohonorar, Mehrwertsteuer, steuerfreien Auslagen und daraus resultierende Umbuchungen, wenn Sie feststellen, daß Sie diese Gelder doch an den Mandanten oder die Rechtsschutzversicherung zurückerstatten müssen.

XVI. Anwaltssoftware

Literatur:

- Weinknecht/Veth, Hard- und Softwareeinsatz in der Anwaltskanzlei, Bund-Verlag 1996

Die meisten jüngeren Kanzleien setzen nach einiger Zeit sogenannte Anwaltsprogramme in der Kanzlei ein, um die Akten- und Buchführung sowie wiederkehrenden Schriftverkehr effektiv und rationell zu erledigen. Unbestreitbar weisen die Programme Vorzüge bei der Übersichtlichkeit der Buchführung, den Mandantenkonten und der Auswertung der wirtschaftlichen Situation auf. Es muß im Einzelfall entschieden werden, ob sich die Investition von Anfang an lohnt. Einen Überblick über das Angebot erhalten Sie, wenn Sie regelmäßig einen Blick in die NJW-CoR werfen. Dort finden sich Artikel über und Vergleiche von Anwaltssoftware, begleitet von der farbenprächtigen Werbung, die auf ein lukratives Geschäft schließen läßt. Über die Anzeigen bzw. die am Ende des Kapitels aufgeführten Anschriften können Sie die Anbieter anschreiben. Einzelne Anbieter (z. B. Ziutex, Phantasy) bieten gegen eine geringe Schutzgebühr Demoversionen ihrer Programme an, durch die man Anwaltsprogramme an sich kennenlernen und die jeweiligen Anbieter vergleichen kann.

Versuchen Sie vor einer **Kaufentscheidung** die Programme »in vivo« in einer Kanzlei kennenzulernen und die dortig gemachten Erfahrungen abzufragen. Fragen Sie ausdrücklich nach **Referenzen**, die Auskunft über Erfahrungen geben. Die Anbieter führen, jedenfalls wenn es um mehrere Arbeitsplätze geht, auch in Ihrer Kanzlei, ansonsten in den regionalen Niederlassungen die Software vor.

Anwaltsprogramme unter dem alten Betriebssystem DOS können heute als weitgehend unverkäuflich angesehen werden. Auch OS/2-Anwendungen dürften wegen der weiten Verbreitung von **Windows-Anwendungen** und Betriebssystemen kaum eine Chance haben, sich durchzusetzen. Bei OS/2 Programmen können zwar die verbreiteten

Windows-Programme (wie z.B. Rechtsprechungsdatenbanken oder Formularprogramme) gestartet werden, allerdings gibt es hier naturgemäß mehr Probleme mit Installation und stabilem Lauf der Software als unter Windows selbst, da die Programme für diese Oberfläche entwickelt wurden.

Die Windowsversionen der Anwaltssoftware sind vergleichsweise jung, also noch mehr oder weniger fortgeschritten in der Entwicklung. Dies muß nicht stören, wenn die wesentlichen Funktionen sauber programmiert sind und stabil laufen und die laufende Fortentwicklung des Programms sich auf Verbesserungen und Erweiterungen des Funktionsumfanges beschränken kann. Software ist eben ein lebendes Produkt und wird deshalb niemals »fertig« wie z.B. ein Auto.

Die **Kosten** vergleichbarer Windows-Produkte (Vollprogramme mit Aktenführung, Buchführung und Schnittstellen zu Standardtextverarbeitungen wie ZiuTex, RenoFlex, Annotext und Phantasy) liegen derzeit pro Arbeitsplatz bei knapp unter 3000 DM. Integriert sind Tools (Werkzeuge) wie Postleitzahlendatenbank, Gerichtsortedatei, Tabellen wie Sanders/Danner, Formulare zum Familienrecht, Verkehrsrecht und zur Zwangsvollstreckung und ähnliches mehr. Daneben werden von anderen Verlagen Makrosammlungen für die Standardtextverarbeitungen angeboten, die einzelne Leistungen aus den Vollprogrammen erbringen und im Verhältnis zu den Vollprogrammen in der Regel günstiger sind. Vor der Kaufentscheidung sollten Sie daher eine Analyse machen, was Sie für Ihre Bedürfnisse wirklich benötigen.

Auch die Neben- und Folgekosten für Vollprogramme und kleine Teilsoftwaretools sind unterschiedlich. Die Hersteller der Vollprogramme bieten ständige **Aktualisierungen der Software** (»Updates«) inkl. Hotlineberatung für ca. 100 DM/Monat an. Für Schulungen sind noch einmal ca. 1000 bis 1500 DM pro Schulungsteilnehmer zu rechnen. Die kleineren Teilanwendungen werden dagegen ohne Schulung angeboten, auch ein monatlicher Obulus für die Entwicklung entfällt.

Tip:

Ein großer Anwaltssoftwarehersteller wirbt damit, wieviele Einnahmen aus den **Softwarepflegeverträgen** erzielt werden. Der Betrag liegt etwas unter einem achtstelligen Betrag. Sie können daraus ersehen, wieviel Geld mit dieser Leistung verdient wird. Vergleichen Sie insbesondere bei der Programmpflege die monatlichen Kosten, die Sie oft jahrelang zahlen, ohne daß sich Bedeutsames durch die »Updates« verändert. Leider bleibt Ihnen bei teuren Programmen die Aktualisierung nicht erspart, da Sie die Programme ansonsten bei Gesetzesänderungen komplett neu erwerben können.

Anschriften:

Vollprogramme (Beispiele)

Annotext für Windows
Nordstraße 102
52353 Düren
Telefon (0 24 21) 84 03-10
Telefax (0 24 21) 84 03-16

RA-Micro
Jurasoft GmbH
An der Mühle 5-9
13507 Berlin
Telefon (0 30) 4 39 97-0
Telefax (0 30) 4 39 97-2 88

Renoflex
Computer & Software GmbH
Frouardplatz 18
53797 Lohmar
Telefon (0 22 46) 91 87-0
Telefax (0 22 46) 91 87-10

phantasy
MCT – micro computer team GmbH
Ballindamm 15
20095 Hamburg
Telefon (0 40) 32 14 92
Telefax (0 40) 32 12 43

ZiuTex
Software für Juristen GmbH
Hauptstraße 66
63849 Leidersbach
Telefon (0 60 28) 97 40–0
Telefax (0 60 28) 70 80

Einzelmodule

Advoline
Dr. Otto Schmidt Verlag
Telefax (02 21) 9 37 38–9 74

XVII. Versicherungen

1. Die Krankenversicherung – private oder gesetzliche?

Bereits vor Beginn des Referendariats sollte man sich eigentlich mit der Frage auseinandergesetzt haben, ob die gesetzliche Versicherung oder eine private individuell günstiger ist.

Mit Beginn des Vorbereitungsdienstes sind nämlich **verbeamtete Rechtsreferendarinnen und Rechtsreferendare** von der gesetzlichen Krankenversicherungspflicht befreit (§ 6 Abs. 1 Nr. 2 SGB V), so daß die Möglichkeit einer privaten Versicherung besteht. Trotzdem können auch versicherungsfreie Beamtinnen und Beamte freiwillig in der gesetzlichen Krankenversicherung Mitglied werden. Die Voraussetzungen für die Versicherung in der gesetzlichen Krankenversicherung sind in § 9 SGB V geregelt.

Nach dem Abschluß des zweiten Staatsexamens stellt sich die Frage der **Wahl der Krankenversicherung** erneut, für einige erstmalig oder unter geänderten Voraussetzungen (zwischenzeitliche Erkrankung, die angegeben werden muß oder geänderte Lebens-/Familienplanung).

Tip:
Falls Sie während des Referendariats privat krankenversichert waren: Für Sie ist jetzt (nach aller Voraussicht) der **letzte Zeitpunkt**, in dem Sie in den Schoß der gesetzlichen Versicherung zurückkehren können. Eine solche Möglichkeit besteht jedenfalls für diejenigen,

- die sich arbeitslos melden oder
- die zunächst eine versicherungspflichtige Beschäftigung als Angestellte mit einem Gehalt unterhalb der Höchstbeitragsgrenze der Krankenversicherung aufnehmen.

Die Entscheidung über die richtige Versicherungsform setzt voraus, daß man die **Unterschiede** und Konsequenzen kennt. Während die gesetzliche Krankenversicherung auf dem Solidarprinzip basiert und die Beiträge sich prozentual nach dem Bruttoeinkommen richten, hängen die Beiträge der privaten Versicherungen von Faktoren wie Anzahl der zu versichernden Personen, Eintrittsalter und Vorerkrankungen ab. Ein genereller Tip, welche Versicherungsform günstiger ist, kann daher nicht gegeben werden.

Vorteile der gesetzlichen Versicherung sind neben den ethischen Motiven (Solidargedanke), daß es keine Haftungsausschlüsse oder Zuschläge für Vorerkrankungen gibt. Ehepartner (bei eigenem Verdienst aber nur bis zur Geringfügigkeitsgrenze) und Kinder sind im Rahmen der Familienversicherung beitragsfrei mitversichert. Nachteilig sind der schlechte Versicherungsschutz im Ausland mangels entsprechender Sozialversicherungsabkommen und die bekannten Verschlechterungen durch die Gesundheitsreform (Stufe 1) wie Rezeptgebühr, Festbeträge bei Arzneimitteln und Eigenbeteiligung bei Zahnersatz. Die Eigenbeteiligungen greifen bereits dann, wenn das Monatseinkommen 40 % der Bezugsgröße (ggf. zzgl. 15 % für den Ehepartner und 10 % für jedes Kind) übersteigt. Dies wird bei Ihnen – wie ich hoffe – bereits nach kurzer Zeit der Fall sein. Gemäß § 62 SGB V ist die zumutbare Eigenbelastung aber zumeist auf 2 % des Jahreseinkommens beschränkt. Ein nicht zu unterschätzender Nachteil der gesetzlichen Krankenversicherung ist, daß noch niemand die Zumutungen der künftigen Stufen der Gesundheitsreform kennt.

Auch wenn man sich gesetzlich krankenversichert hat, muß man sich nicht mit den dort angebotenen Leistungen bescheiden, weil viele Versicherer (jedenfalls die privaten Versicherungen) Zusatzversicherungen anbieten. **Zusatzversicherungen bzw. Zusatztarife** sind für die Auslandsbehandlung und das Zweibettzimmer im Krankenhaus sinnvoll. Anhand des konkreten Bedarfs sollte die Notwendigkeit eines Zusatztarifs für andere Sachleistungen wie Zahnersatz, Brillen etc. kritisch geprüft werden.

Die **private Krankenversicherung** ist vor allem für Ledige oder Doppelverdiener und bisher Gesunde sowie unter Umständen für Brillenträger günstiger. Problematisch wird es dann meistens, wenn sich die oder der ein oder andere mit der Familienplanung beschäftigt. Nach dem derzeitigen Stand stellt langfristig die gesetzliche Krankenversicherung die günstigere Alternative, jedenfalls, wenn man eine Familie mit Kindern gründen will. Diese sind in der gesetzlichen Krankenversicherung beitragsfrei mitversichert, bei den Privaten müssen für jedes Kind eigene Beiträge gezahlt werden. Private Krankenversicherungen werden zudem mit dem Alter tendenziell und unberechenbar teurer. Die niedrigen Tarife in jungen, krankheits- und kinderlosen Jahren verführen denn auch viele zum nicht mehr reversiblen Wechsel. Diese Praxis ist von Verbraucherverbänden und -zeitschriften (Capital, Test) wiederholt kritisiert worden. Die Gesellschaften bieten daher nunmehr Rentnern verbilligte, aber auch bei den Leistungen entsprechend abgespeckte Tarife an, damit diese die Beiträge überhaupt noch bezahlen können.

Hinweis:
Die Fragen nach den **Vorerkrankungen im Antrag der privaten Versicherungen** sind ernst zu nehmen (ehrlich zu beantworten) und können einen **Leistungsausschluß** oder eine **Prämienerhöhung** zur Folge haben. Daher sollte man sich vorher unter Angabe der Vorerkrankungen ein Angebot machen lassen.

Nach einer neuen Entscheidung des OLG Koblenz (Az.: 10 U 586/94) muß ein Versicherungsnehmer allerdings nicht von sich aus jede Erkrankung mitteilen. Eine **Offenbarungspflicht** besteht nach der zu einem Lebensversicherungsvertrag ergangenen Entscheidung nur dann, wenn der Versicherte selbst wegen der Erkrankung »mit einem erheblichen Risiko der Lebensverkürzung rechnet«. Im entschiedenen Fall hatte der Versicherte eine Herzerkrankung nicht angegeben, weil er auf den Erfolg einer Therapie vertraute. Die Entscheidung kann auf Krankenversicherungsverträge und Berufsunfähigkeitsversicherungen übertragen werden. Zu berücksichtigen ist aber, daß der Versicherungsnehmer bei diesen andersartigen Risiken darauf vertrauen muß, daß es wegen der Vorerkrankungen insoweit nicht zum Leistungsfall kommen werde. Daraus ergibt sich, daß bei Krankenversicherungen eine Anfechtung wegen arglistiger Täuschung eher möglich sein wird, weil sich das Risiko aus nicht mitgeteilten Vorerkrankungen leichter realisiert als im Falle einer Lebensversicherung. Verhandeln Sie aber in jedem Fall mit der Versicherung, die teilweise happige Zuschläge für akute Erkrankungen in der Vergangenheit verlangt, mit deren – über das normale Risiko hinausgehende – Auftreten kaum noch zu rechnen ist. Es liegt auf der Hand, daß für Grippeerkrankungen in der Vergangenheit, die zum normalen Risiko gehören, ein Zuschlag nicht verlangt werden kann. Für die Versicherungen sind Rechtsanwältinnen und Rechtsanwälte eine sehr interessante Zielgruppe, da Selbständige hohe Beiträge zahlen, aber selten erkranken.

Machen Sie daher den Abschluß der Versicherung davon abhängig, daß kein **Risikozuschlag** fällig wird. Fragen Sie andere Versicherungen, ob die von Ihnen angegebenen Vorerkrankungen zu einem Zuschlag führen. Es wird sich immer eine Versicherung finden, die großzügig bleibt, um in künftig möglicherweise profitablem Kontakt (Lebensversicherungsbedarf etc.) miteinander zu bleiben.

Vorteile privater Versicherungen sind neben den geringeren Kosten bessere Leistungen beim Krankenhausaufenthalt (Zweibettzimmer etc.), bei der Inanspruchnahme von Zahnbehandlungen sowie bei der Kostenerstattung von Sehhilfen (Brille und Kontaktlinsen) und die mögliche Beitragsrückerstattung für den Fall, daß man die Versicherung nicht in Anspruch nimmt. Außerdem sind die Bedingungen für den Auslandsversicherungsschutz günstiger.

Nachteile sind vor allem der Verlust aller Rechte in der gesetzlichen Krankenversicherung mit dem Risiko der Verteuerung der Krankenversicherung bei Alter, Veränderung des Familienstandes, Vergrößerung der Familie etc.

Die privaten Versicherungen bieten **Zusatztarife** für Heilpraktikerbehandlungen, Brillenträger, Zahnbehandlungen und stationäre Heilbehandlung u. ä. an, die den Leistungsumfang insgesamt erweitern. Auch hier lohnt sich ein Vergleich.

Nachteile dadurch, daß Ehepartner und Kinder in der privaten Krankenversicherung zu nicht unerheblichen Kosten selbständig zu versichern sind, können teilweise dadurch kompensiert werden, daß der Ehepartner in der Kanzlei versicherungspflichtig angestellt wird und die Kinder darüber gesetzlich krankenversichert sind. Bei nichtehelichen Lebensgemeinschaften oder Ehepartnern, die einer versicherungspflichtigen Tätigkeit nachgehen, stellt sich die Frage naturgemäß zunächst nicht. Allerdings ist für den Fall der Gründung einer Familie Sorge zu tragen, zumindest bereits gedanklich.

Fazit:
Es hängt weitgehend von den individuellen Vorgaben ab, welche Versicherungsform günstiger ist. Wenn Sie die Gründung einer größeren Familie planen, kann (muß aber nicht) die gesetzliche Versicherung für Sie die günstigere Alternative sein. Andernfalls ist die private Krankenversicherung meist die im Preis-Leistungsverhältnis günstigere Wahl.

Es sprengt den Rahmen dieses Ratgebers, eine Übersicht über die **Tarife der privaten Versicherer** zu geben. Entsprechende Vergleiche erscheinen regelmäßig in Verbraucherzeitschriften wie Finanztest, DM und Capital. Diese Zeitschriften können Sie in den Bibliotheken größerer Städte einsehen. Daneben werden die Zeitschriften der Stiftung Warentest auch bei den Verbraucherberatungsstellen zur Einsicht ausgelegt. Ferner können Sie sich an freie Versicherungsmakler wenden, die Ihnen die Beiträge verschiedener Gesellschaften im Vergleich darstellen können sollten. Erst nach Vorliegen dieser Informationen läßt sich die für Sie günstigste Versicherung ermitteln. Verlassen Sie sich dabei nicht auf den Rat einer Kollegin oder eines Kollegen, der vielleicht andere Kriterien an die Wahl der Krankenversicherung anlegt.

Anschriften:

Barmenia Krankenversicherung
Kronprinzenallee 12–18
42119 Wuppertal
Telefon (02 02) 438–0
Telefax (02 02) 438–24 34

Berlin-Kölnische Versicherungen
Willi-Becker-Allee 11
40227 Düsseldorf
Telefon (02 11) 97 73–0
Telefax (02 11) 97 73–1 50 oder -1 06

Central Krankenversicherung AG
Hansaring 40–50
50593 Köln
Telefon (02 21) 16 36–0
Telefax (02 21) 16 36–2 00

Debeka (Krankenversicherungsverein a.G.)
Ferdinand-Sauerbruch-Str. 18
56073 Koblenz
Telefon (02 61) 4 98–0
Telefax (02 61) 4 98–15 31

Deutsche Krankenversicherung AG
Aachener Straße 300
50933 Köln
Telefon (02 21) 5 78–0
Telefax (02 21) 5 78–36 94

HUK-Coburg
Bahnhofsplatz
96444 Coburg
Telefon (0 95 61) 96–0
Telefax (0 96 51) 96 36 36

Provinzial
Provinzialplatz 1
40591 Düsseldorf
Telefon (02 11) 9 78–0
Telefax (02 11) 9 78–17 55

2. Die Berufsgenossenschaft

Zur Abwechslung sollten Sie auch mal wieder an sich denken. Zu konkurrenzlos günstigen Tarifen versichert die Verwaltungs-Berufsgenossenschaft Sie gegen **Berufsunfälle**. Und wann ist ein Anwalt mal nicht im Dienst. Cleverles versichern sich bei den niedrigen Preisen zur jeweils geltenden Höchstversicherungssumme (derzeit 144 000 DM). Die Mindestversicherungssumme (derzeit ca. 50 000 DM) ergibt sich aus § 18 SGB IV und wird jährlich vom Arbeitsministerium bekanntgegeben. Bei einem Arbeitsunfall erhalten Sie bei Wahl der Höchstversicherungssumme ein monatliches Verletztengeld von 9600 DM. Die Jahresprämie beträgt ca. 550 DM. Die Versicherung ist ein echtes »Muß«.

Anschrift:

Verwaltungs-Berufsgenossenschaft
Hauptverwaltung
Deelbögenkamp 4
22297 Hamburg
Telefon (0 40) 51 46–0
Telefax (0 40) 51 46 21 46 und 5 11 01 30

3. Die Berufshaftpflichtversicherung

Gemäß § 51 BRAO haben Rechtsanwältinnen und -anwälte die Pflicht, eine Berufshaftpflichtversicherung gegen die Risiken **falscher Beratung oder Vertretung** abzuschließen. Dies ist auch tatsächlich notwendig. Jeder vierte Anwalt muß jährlich mit einem Regreß rechnen (Borgmann/Haug, Anwaltshaftung, S. 228).

Die Zulassungsurkunde wird erst ausgegeben, wenn der Abschluß einer Berufshaftpflichtversicherung nachgewiesen ist oder eine vorläufige Deckungszusage vorliegt (§ 12 Abs.2 BRAO). Jeder Anwalt, auch der angestellte Anwalt, muß mit einer eigenen Police versichert sein.

Berufshaftpflichtversicherungen, die den gesetzlichen Anforderungen entsprechen, werden von verschiedenen Gesellschaften angeboten. Die **Mindestversicherungssumme** beträgt 500 000 DM. Zulässig ist die Vereinbarung eines Selbstbehalts von 1/100 der Versicherungssumme. Die französische UAP bietet einen Prämiennachlaß bis zu 25 % bei drei aufeinanderfolgenden schadensfreien Versicherungsjahren. Viele Versicherer gewähren auch Sozien Rabatte. Gegen beides sind Bedenken erhoben worden (Feuerich/Braun, § 51 BRAO Rn. 11 und Rn. 12).

Im ersten Jahr gewähren alle Versicherer eine Beitragsreduzierung um 50 % (zwischen 680 DM und 700 DM). Ansonsten unterscheiden sich die Prämien nur geringfügig. Die Unterschiede liegen vielmehr in den Serviceleistungen einzelner Gesellschaften wie der Versand von Rechtsprechungsübersichten zu Berufshaftpflichtverfahren oder die Unterstützung durch versierte Regulierer im Schadensfall.

Anschriften:

Agrippina Versicherungen
Riehler Str. 90
50668 Köln
Telefon (02 21) 77 15–0
Telefax (02 21) 7 71 52 60

Albingia Versicherungs AG
Ballindamm 39
20095 Hamburg
Telefon (0 40) 30 22–0
Telefax (0 40) 30 22 28 32

Allianz Versicherungs AG
Königinstr. 28
80802 München
Telefon (0 89) 3 80 00
Telefax (0 89) 34 99 41

Colonia Versicherung AG
Colonia-Allee 10–20
51067 Köln
Telefon (02 21) 14 81 30
Telefax (02 21) 14 82 27 44

Gerling Allgemeine Versicherungs AG
Von-Werth-Str. 4–14
50597 Köln
Telefon (02 21) 1 44–1
Telefax (02 21) 1 44 33 42

Gothaer Versicherungs VVaG
Kaiser-Wilhelm-Ring 23–25
50672 Köln
Telefon (02 21) 3 08 02/01
Telefax (02 21) 5 74 63 47

R+V Allgemeine Versicherung AG
Taunusstr.1
65193 Wiesbaden
Telefon (06 11) 5 33–0
Telefax (06 11) 5 33 97 01

UAP International Allgemeine Versicherungs AG
Postfach 11 11 11
66104 Saarbrücken
Telefon (06 81) 50 05–0
Telefax (06 81) 5 00 54 40

Victoria Versicherungs AG
Hans-Böckler-Str. 38
40198 Düsseldorf
Telefon (0211) 4777000
Telefax (0211) 4772444

4. Sonstige Versicherungen

Sofern Sie Personal beschäftigen, müssen Sie für diese eine **gesetzliche Unfallversicherung** bei der Berufsgenossenschaft gemäß § 537ff. RVO abschließen. Schreiben Sie die Berufsgenossenschaft an und bitten Sie um Zusendung des Antragsformulars und der Informationsschriften.

Versicherungen, die Sie abschließen können, aber nicht müssen, sind ferner:

- **Betriebshaftpflichtversicherung**
  sichert Personen- und Vermögensschäden von Dritten einschließlich Sach- und Mietsachschäden ab
- **Sachwertversicherung**
  die »Hausratversicherung« der Kanzlei, sichert gegen Schäden an der Büroeinrichtung durch Feuer, Leitungswasser, Einbruchdiebstahl und Vandalismus ab (Elektronik muß teilweise separat versichert werden)
- **Elektronikversicherung**
  ergänzend zur Sachwertversicherung – nur bei Einsatz von EDV nötig
- **Krankentagegeldversicherung**
  die Lohnfortzahlung im Krankheitsfalle des Anwalts; verhältnismäßig teuer, da mißbrauchsanfällig
- **Krankenhaustagegeldversicherung**
  »Schmerzensgeld für die Verdammung zur Untätigkeit« zur Absicherung der weiterlaufenden Kanzleikosten bei gravierenderer gesundheitlicher Beeinträchtigung durch Unfall und Krankheit

5. Die Risikolebensversicherung

Zumindest eine Risikolebensversicherung werden Sie als verantwortungsbewußter Mensch für Ihre Angehörigen und Ihre Bank (zur Sicherung der Geschäftskredite) bereits abgeschlossen haben. Bei Bürogemeinschaften und Sozietäten ist es vielfach üblich, eine **Risikolebensversicherung** zugunsten der Partner abzuschließen, da bei einem plötzlichen Tod eines Mitgliedes die Kanzleikosten erst nach Einhaltung der Kündigungsfristen (Personal, Miete) reduziert oder durch die Aufnahme eines neuen Partners kompensiert werden können.

6. Die Freizeitunfallversicherung

Als Ergänzung zur freiwilligen Berufsunfallversicherung bei der Berufsgenossenschaft, die die Unfallrisiken während der Arbeitszeit abdeckt, bietet sich der Abschluß einer privaten Freizeitunfallversicherung an, um das – angesichts der wenigen Freizeit allerdings recht geringfügige – Unfallrestrisiko in der Freizeit abzusichern. Die Profite in der Freizeitunfallversicherung sind bekanntermaßen riesig, um so mehr lohnt sich ein **Beitragsvergleich**. Die Gesellschaften erstatten teilweise Überschüsse. Erkundigen Sie sich daher auch nach den Rückvergütungen der letzten drei Jahre. Die Kosten einer Freizeitunfallversicherung liegen bei ca. 0,80 DM pro tausend DM Versicherungssumme.

7. Die Berufsunfähigkeitsversicherung

Bei der Frage, ob eine Berufsunfähigkeitsversicherung sinnvoll ist, besteht häufig große Unsicherheit. Eine Absicherung ist nur dann sinnvoll, wenn das Risiko »Berufsunfähigkeit« individuell als versicherungswürdig eingeschätzt wird. Sorglosere Naturen denken in jungen Jahren ungern an solche Dinge. Zu Recht wird jedoch darauf hingewiesen, daß Juristinnen und Juristen während ihrer Ausbildung, die ¼ der

Lebensarbeitszeit dauert, praktisch nicht gegen Berufsunfähigkeit versichert sind. Bis zum Abschluß des zweiten Staatsexamens haben Sie bereits sechsstellige Summen in die eigene Ausbildung gesteckt, die im Falle einer Berufsunfähigkeit unwiederbringlich verloren sind.

Wie sieht die Absicherung als Existenzgründer aus? Sofern Sie sich bei der Berufsgenossenschaft freiwillig gegen Berufs- und Wegeunfälle versichert haben, sind Sie gegen diese Risiken relativ gut versichert. Ein Problem bleibt die **krankheitsbedingte Invalidität**. Auch Freizeitunfallversicherungen treten bei krankheitsbedingter Invalidität nicht ein. Selbst die nach dem Ausscheiden aus dem Vorbereitungsdienst erfolgende **Nachversicherung** bei der Bundesversicherungsanstalt für Angestellte bzw. der Anwaltsversorgung führt regelmäßig nicht zu einer angemessenen Absicherung vor den Folgen der Berufsunfähigkeit.

Voraussetzung für eine Berufsunfähigkeitsrente aus der gesetzlichen Versicherung ist nämlich, daß vor dem Eintritt der Berufsunfähigkeit (BU) eine versicherungspflichtige Beschäftigung ausgeübt wurde und die allgemeine Wartezeit von fünf Jahren erfüllt ist, § 43 SGB VI. In der Regel wird bereits die fünfjährige Wartezeit nicht erfüllt sein. Aber auch bei Erfüllung der Wartezeit erhält man keine angemessene Rente, weil von dem »bisherigen Beruf« auszugehen ist. Der Beamtenstatus im Referendariat ist aber kein »bisheriger Beruf«.

Die Anwaltsversorgung bietet auch noch keinen ausreichenden Schutz gegen krankheitsbedingte Invalidität.

Wer deswegen meint, sich gegen Berufsunfähigkeit auf jeden Fall versichern zu müssen (z. B. jene, die früher oder später das Familieneinkommen sicherstellen bzw. sicherstellen sollen), kann unter mehreren Alternativen wählen. Berufsunfähigkeitsversicherungen werden alleine, in Verbindung mit einer Risikolebensversicherung und in Verbindung mit einer Kapitallebensversicherung (als Berufsunfähigkeitszusatzversicherung) angeboten. Die Vielfalt der Angebote und die unterschiedlichen Leistungen sind praktisch unüberschaubar. Für Existenzgründer kommt während der ersten zwei Jahre regelmäßig der Abschluß einer mit einer Kapitallebensversicherung kombinierten Variante wegen der hohen Kosten nicht in Betracht.

Bei der **selbständigen Berufsunfähigkeitsversicherung** wird wie bei der mit einer Risikolebensversicherung kombinierten Berufsunfähigkeitszusatzversicherung im Versicherungsfall (der hoffentlich nie eintreten möge) eine feste Rente gezahlt. Die Höhe hängt natürlich von der Höhe der gezahlten Beiträge ab. In der Regel ist eine selbständige Berufsunfähigkeitsversicherung teurer, da die Versicherungen aufgrund eigener Statistiken davon ausgehen, daß die selbständige Berufsunfähigkeitsversicherung häufiger in Anspruch genommen wird als die Berufsunfähigkeitszusatzversicherung. Aus diesem Grunde können bei einer selbständigen Berufsunfähigkeitsversicherung die Prämien je nach Schadensentwicklung angepaßt werden, während sie bei der Kombination mit einer Risikolebensversicherung unabänderlich vereinbart werden.

Daneben sichert die **Risikolebensversicherung** (bei einem Vertragsschluß in jungen Jahren) für recht geringe Beiträge zusätzlich den Todesfall ab, was für unterhaltspflichtige und über das eigene Dasein hinaus verantwortungsbewußte Kolleginnen und Kollegen von Bedeutung sein kann. Der Abschluß einer Risikolebensversicherung kommt nur nach einer **Gesundheitsprüfung** in Betracht. Die Versicherungen erwarten dabei, daß alle für das versicherte Risiko relevanten Erkrankungen angegeben werden. Im Prinzip ist dies wie bei der privaten Krankenversicherung. Geben Sie ehrlich auf alle Fragen Auskunft, auch wenn es albern erscheint, die Grippeerkrankungen der letzten Jahre aufzuführen. Sie sind nach der zum Thema »Krankenversicherung« zitierten Entscheidung des OLG Koblenz allerdings nicht zur Angabe jeder Vorerkrankung verpflichtet. Ratsam ist eine Angabe aber dann, wenn die Vorerkrankung zu einer spezifischen Erhöhung der Wahrscheinlichkeit eines Eintritts des Leistungsfalles führt. Dies wird man bei Grippeerkrankungen wohl verneinen dürfen.

Die Entscheidung für die **kostengünstigere Risikolebensversicherung** ist nicht endgültig: Die Risikolebensversicherung kann ohne erneute Gesundheitsprüfung innerhalb von zehn Jahren in eine Kapitallebensversicherung umgewandelt werden. Deswegen kann es sogar günstiger sein, in jungen Jahren die geringen Beiträge einer Risikolebensversicherung zu zahlen, weil die Tarife für die Kapitallebensversicherung bei höherem Alter im Zeitpunkt des Vertragsschlusses entsprechend steigen.

Egal, wofür man sich entscheidet, es lohnt sich auf jeden Fall, das Angebot der anwaltlichen Standesversicherung (Deutsche Anwalts- und Notarversicherung – DANV) einzuholen. Neuerdings bietet auch der Gerling Konzern in Zusammenarbeit mit dem DAV spezielle Angebote für Rechtsanwälte an (ABS für Rechtsanwälte mit Spezial-BU-Bedingungen). Andere Versicherungen (z. B. Nürnberger Versicherung) haben inzwischen nachgezogen und bieten auch Versicherungen ohne **Verweisklausel** an. Sie sollten aber kritisch prüfen, ob Sie bereits Modelle mit Ansparungen benötigen bzw. die natürlich höheren Beiträge bezahlen können und wollen.

Generell aber gilt: Versicherungen streben nach Beiträgen, nicht nach der Zahlung von Versicherungsleistungen. Daher empfiehlt sich ein Studium der Versicherungsbedingungen, insbesondere daraufhin, wann die Versicherungen Versicherte auf andere Tätigkeiten verweisen können, um ihrer Eintrittspflicht zu entgehen. Während die normalen Versicherungen eine sogenannte **Verweisklausel** in ihre Vertragsbedingungen aufgenommen haben (§ 2 BB-BUZ) und damit Versicherte im Leistungsfall auf jede andere Tätigkeit verweisen können, die »aufgrund der Ausbildung und Erfahrung ausgeübt werden kann und der bisherigen Lebensstellung entspricht«, bieten einige Versicherer eine **Nichtverweisbarkeitsklausel**. Diese besagt, daß im Leistungsfalle nur auf die Fähigkeit zur Ausübung des bei Abschluß der Versicherung maßgeblichen Berufs abzustellen ist, bei noch nicht abgeschlossener Ausbildung gilt der angestrebte Beruf als maßgeblicher Beruf. Dies bedeutet im Klartext: Rechtsanwältinnen und Rechtsanwälte, die ihrer juristischen Tätigkeit (z. B. wegen Sprach- oder Gedächtnisverlust oder extremen psychischen Störungen) nicht mehr nachgehen können, können nicht auf nichtjuristische Möglichkeiten einer Weiterbeschäftigung verwiesen werden. Maßgeblich ist die Tätigkeit als Volljuristin bzw. Volljurist. Bei der normalen Berufsunfähigkeitsversicherung werden dagegen Einkommenseinbußen von bis zu 30% als zumutbar angesehen. Bei diesen Versicherern bleiben im Leistungsfall anderweitig erzielte Einnahmen unberücksichtigt, während dies bei der normalen Berufsunfähigkeitsversicherung zum Leistungsausschluß führen kann.

Für eine monatliche Berufsunfähigkeitsrente von je 1000 DM muß man mit Beiträgen zwischen 30 und 60 DM monatlich rechnen. Ein Qualitätskriterium für den Abschluß einer Versicherung mit langer Bindung ist sicherlich neben den Tarifen eine gute Beratung. Vergleichen Sie auch insoweit und schließen Sie nicht das erstbeste Angebot ab.

8. Die Altersversorgung

Als Anwalt sind Sie Pflichtmitglied im **Versorgungswerk der Rechtsanwälte**. Ausnahmen bestehen neuerdings in einigen Bundesländern, bei denen auch eine Versicherung im Rahmen von Lebensversicherungspolicen möglich ist.

Die Rechtsanwaltskammer teilt dem zuständigen Versorgungswerk Ihre Zulassung mit. Von dort erhalten Sie automatisch die Aufnahmeformulare und Ihre Mitgliedsnummer. Die Beiträge sind erstmalig in dem Monat zu zahlen, der auf den Monat folgt, in dem sie zugelassen wurden.

Sofern Sie nach der Zulassung zunächst noch arbeitslos sind, zahlt das Arbeitsamt aber bereits Beiträge in die gesetzliche Versicherung. Diese Doppelzahlung läßt sich leider nicht vermeiden. Sie können aber den Beitrag im Versorgungswerk bis auf 1/10 des Regelpflichtbeitrages ermäßigen lassen.

Tip:
Von dieser Möglichkeit sollten Sie ohnedies im ersten Jahr der Zulassung Gebrauch machen, da der monatliche 10/10 Beitrag derzeit ca. 1500 DM beträgt. Eine entsprechende Möglichkeit sieht der Antrag des Versorgungswerkes vor. Bei Existenzgründern ist eine entsprechende **Reduzierung** üblich.

Da Sie bis zum Erreichen der **Beitragsbemessungsgrenze** einkommensabhängig Beiträge leisten müssen, zahlen Sie zukünftig entsprechend Ihrer Einnahmesituation (18,6 % der Arbeitseinkünfte). Nach Erreichen der Beitragsbemessungsgrenze können Sie über den 10/10 Pflichtbeitrag hinaus freiwillig Beiträge leisten, die Ihre Altersversorgung verbessern.

XVIII. Die Nachversicherung für den Zeitraum des Referendariats

Während des Referendariats haben Sie keine Beiträge zu einer Rentenkasse entrichtet. Nach § 8 Abs. 2 SGB VI haben Sie das Recht, sich kostenfrei in einer **Rentenversicherung** nachversichern zu lassen. Das Land trägt die Versicherungsbeiträge für den Zeitraum des Vorbereitungsdienstes in voller Höhe. Nach dem Ausscheiden aus dem Vorbereitungsdienst erhalten Sie eine Bescheinigung, die die Beschäftigungszeit im Vorbereitungsdienst und die beitragspflichtigen Einnahmen enthält. Auch der zuständige Versicherungsträger erhält diese Informationen vom Besoldungsamt. Aus der Bescheinigung ergibt sich der vom jeweiligen Land zu zahlende Beitrag an den Versicherungsträger, in dem man aufgrund der gewählten Berufstätigkeit zukünftig einzahlt. Dies können z. B. die **Bundesanstalt für Angestellte** oder wie meistens bei Anwältinnen und Anwälten das **Rechtsanwaltsversorgungswerk** sein. Nach der Durchführung der Nachversicherung erhält man von seinem Rentenversicherungsträger (BfA, Anwaltsversorgung) einen Auszug der im Rentenversicherungskonto gespeicherten Daten. Die Beiträge werden an den neuen Rentenversicherungsträger entrichtet, wenn die Assessorin bzw. der Assessor dem Besoldungsamt mitteilt, daß in den nächsten zwei Jahren kein Beamtenverhältnis oder beamtenähnliches Verhältnis aufgenommen wird.

Wichtig:
Sofern zukünftig in ein berufsständisches Werk (Rechtsanwaltsversorgung) eingezahlt werden soll, muß der Antrag auf Nachversicherung **innerhalb eines Jahres** nach dem Ausscheiden aus dem Vorbereitungsdienst an das Besoldungsamt gestellt werden. Diese Frist ist eine **Ausschlußfrist**. Wird diese Frist versäumt, wird automatisch eine Nachversicherung zugunsten der BfA vorgenommen.

Während der Dauer einer Arbeitslosigkeit nach der Entlassung aus dem Vorbereitungsdienst wird über das Arbeitsamt in die gesetzliche Rentenversicherung eingezahlt. Auch während der sich an Arbeitslosigkeit anschließenden Existenzgründung als Rechtsanwalt übernimmt das Arbeitsamt im Falle der Zahlung von Überbrückungsgeld die Beiträge in der gesetzlichen Rentenversicherung. Auch diese oder bereits vor dem Vorbereitungsdienst gezahlte Beiträge werden vom **Anwaltsversorgungswerk** berücksichtigt, entsprechende Information vorausgesetzt.

Die Frage, ob Sie die Nachversicherung zugunsten der Bundesversicherungsanstalt für Angestellte oder der Anwaltsversorgung vornehmen lassen, hängt davon ab, ob Sie bereits Rentenansprüche in der gesetzlichen Rentenversicherung erworben haben. Diese können Sie nicht in die Anwaltsversorgung übernehmen.

Für die meisten ist die **Nachversicherung in der Anwaltsversorgung** die günstigere Variante, da bisher keine oder zu geringe Beiträge an die gesetzliche Rentenversicherung entrichtet wurden. Auch dürfte die Anwaltsversorgung grundsätzlich die bessere Alternative bei der Altersversorgung sein.

Anders ist die Situation unter Umständen zu beurteilen, wenn Sie – mit den Beiträgen aus der Nachversicherung für das Referendariat (ca. 24 Monate) – die **allgemeine Wartezeit von fünf Jahren** für die Absicherung gegen **Berufs- und Erwerbsunfähigkeit** nach §§ 43 und 44 SGB VI erfüllen können. Bejahendenfalls hätten Sie bereits einen – wenn auch minimalen – Schutz gegen Berufsunfähigkeit. Eine für Sie interessante **Rentenanwartschaft** entsteht, wenn mindestens 60 Monate beitragspflichtige oder sonst anzurechnende, gleichgestellte Zeiten wie Kindererziehungszeiten, Wehrdienst- oder Ersatzdienstzeiten und Zeiten des Bezuges von Lohnersatzleistungen (z. B. Arbeitslosengeld und Arbeitslosenhilfe) vorliegen.

Allerdings verfällt die Anwartschaft auf Berufsunfähigkeitsrente, sobald auch nur ein einziger Monat in der gesetzlichen Rentenversicherung beitragsfrei bleibt. Dies bedeutet, daß Sie zur Absicherung Ihrer Anwartschaft jeden Monat **neben der Anwaltsversorgung** den Mindestbeitrag in der gesetzlichen Versicherung leisten müßten.

Ob es sich im Hinblick auf die bereits bestehenden Rentenansprüche oder einen gewünschten Schutz gegen Berufsunfähigkeit lohnt, die Nachversicherung zugunsten der BfA vornehmen zu lassen, kann nur ein **Versicherungsexperte** klären. Suchen Sie daher einen Rentenberater oder die Rentenberatung der BfA auf, die in jedem größeren Ort stattfindet. Erkundigen Sie sich wegen der Termine im Rathaus.

Tip:
Unter Umständen können Sie sich Beiträge, die Sie in die gesetzliche Rentenversicherung eingezahlt haben, auszahlen lassen. Dies kommt dann in Betracht, wenn Sie noch keine 60 Monate Versicherungszeit erreicht haben.

Welche Beitragszeiten sich auf Ihrem Sozialversicherungskonto angesammelt haben, erfahren Sie durch den Versicherungsverlauf.

Tip:
Wenn Sie bisher noch keinen **Versicherungsverlauf** (Übersicht über die in Ihrem Sozialversicherungskonto gespeicherten Zeiten) beantragt haben, sollten Sie auch dies spätestens jetzt tun. Mit Ihrer Mitwirkung wird Ihr **Rentenkonto** auf einen aktuellen Stand gebracht.

Im Rahmen der Rentenversicherung werden regelmäßig bis zu sieben Jahre für Schul- und Hochschulausbildung als Anrechnungszeiten (§ 58 SGB VI) anerkannt. Daneben werden Wehr- oder Ersatzdienstzeiten als Ersatzzeiten anerkannt (§ 250 Abs. 1 SGB VI). Die Zeit zwischen Abitur und Wehr- bzw. Ersatzdienst wird nach einer Entscheidung des Bundessozialgerichts (Az.: 13 RJ 5/94) nur dann auf die spätere Rentenversicherung angerechnet, wenn es sich höchstens um drei bis vier Monate handelt. Zur Überbrückung eines längeren Zeitraums sei die Aufnahme einer sozialversicherungspflichtigen Beschäftigung zuzumuten.

Sie sollten im Rahmen Ihrer Mitwirkungspflicht die erheblichen Daten angeben wie das Datum Ihres Abiturabschlusses, Wehr- oder Ersatzdienst, Lehre, Beginn und Ende des Studiums, Beginn des Referendariats und ggf. von dazwischenliegenden sozialversicherungspflichtigen Beschäftigungen die entsprechenden Unterlagen (Bestätigung des Gymnasiums, Kopie des Studienbuchs, Examenszeugnis o. ä.) beibringen. Sie erhalten dann eine **Übersicht über die anerkannten Zeiten**. Diese prüfen Sie bitte kritisch, da es bei der BfA leider drüber und drunter geht. Der Bescheid des Autors z. B. war erst nach fast drei Jahren, einem Widerspruchsverfahren und einem schier unglaublichen Schriftverkehr einigermaßen ordnungsgemäß erstellt. Um so wichtiger erscheint es, sich einen Versicherungsverlauf frühzeitig erstellen zu lassen. Wer weiß, ob sich die Verhältnisse nicht noch verschlechtern ...

Nach Klärung des Versicherungsverlaufs werden die im Versicherungsverlauf enthaltenen Daten, die länger als sechs Jahre zurückliegen, verbindlich durch Bescheid festgestellt. Dieser Bescheid ist maßgeblich für die Berechnung Ihrer Rentenanwartschaften oder im Leistungsfalle Ihrer Berufsunfähigkeits- oder Erwerbsunfähigkeitsrente. Der Versicherungsverlauf hat auch Bedeutung für die im folgenden behandelte Nachversicherung für die beitragsfreie Zeit der Verbeamtung während des Referendariats.

Die Bundesversicherungsanstalt hat neuerdings ein **Servicetelefon** eingerichtet, das unter der Rufnummer (0 18 03) 33 19 19 montags bis mittwochs von 15:30 bis 19:30 Uhr angerufen werden kann. Telefongebühren fallen nur in Höhe des Regionaltarifs an. Wenn Sie Ihre Rentennummer angeben, kann die Telefonberatung auch Ihre Computerakte einsehen. Hier können Sie weitere Fragen stellen, um die für Sie richtige Entscheidung bei der Nachversicherung zu treffen.

Muster eines Antrags auf Nachversicherung an das Besoldungsamt

Briefkopf der Antragstellerin bzw. des Antragstellers

An das
(zuständige Besoldungsamt)
Anschrift/Postfach
PLZ/Ort

Nachversicherung gemäß § 8 Abs. 2 Sozialgesetzbuch VI
Personalnummer XXXX (Angabe der eigenen Personalnummer während des Vorbereitungsdienstes)

Sehr geehrte Damen und Herren,

am (Datum der mündlichen Prüfung) bin ich aus dem sozialversicherungsfreien Vorbereitungsdienst entlassen worden. Ich werde als
☐ Rechtsanwalt/Rechtsanwältin an das Anwaltsversorgungswerk
zukünftig Altersversorgungsbeiträge entrichten. Ich beantrage daher mit heutigem Datum meine Nachversicherung für den Zeitraum der Ausbildung im Referendariat. Bitte senden Sie mir entsprechende Antragsformulare zu.

Mit freundlichen Grüßen

– (Name Antragstellerin/Antragsteller) –

XIX. Fachanwaltslehrgänge

Literatur:

- Passenberger, STAR: Wirtschaftliche Folgen anwaltlicher Spezialisierung, BRAK-Mitt. 1996, 98

Angesichts des wachsenden Konkurrenzdrucks und der deutlich besseren Verdienstmöglichkeiten als spezialisierter Anwalt mit Fachanwalt kann ein Lehrgang zum (späteren) **Erwerb der Bezeichnung Fachanwalt** nur vorteilhaft sein. Der durchschnittliche persönliche Überschuß bei Vollzeitrechtsanwälten liegt ohne Spezialisierung bei 101 000 DM jährlich, bei Fachanwälten bei 153 000 DM jährlich und bei einer Spezialisierung und einem Fachanwalt gar bei 184 000 DM jährlich (vgl. BRAK-Mitteilungen 1994, 196). Nicht jede Spezialisierung ist dagegen gleich lohnend (vgl. Passenberger, a.a.O.). Da die zunehmenden Zulassungszahlen insbesondere auf die Allgemeinanwälte durchschlagen, ist eine **Spezialisierung** zukünftig auch ein Gebot der Vernunft. Die Zahl der Fachanwälte wird sich bis im Jahr 2000 nach realistischen Einschätzungen auf über 10 000 verdoppeln. 10 % der Anwälte werden dann nicht nur Rechtsanwalt, sondern »zugleich« Fachanwalt sein (s. Busse, Anwalt 2000, AnwBl 1994, 482).

Voraussetzung für die Führung dieser Bezeichnung ist der **Erwerb besonderer theoretischer Kenntnisse** sowie die Bearbeitung einer bestimmten Zahl von entsprechenden fachgebietsbezogenen Akten als zugelassene Rechtsanwältin bzw. zugelassener Rechtsanwalt oder im Rahmen einer vergleichbaren anderen fachgebietsbezogenen Tätigkeit.

So hat der Bundesgerichtshof (BGH, NJW 1995, 2717) einem ehemaligen Leiter der Abteilung Arbeits- und Tarifrecht bei einer zentralen Rechtsabteilung eines Unternehmens, der über 20 Jahre in vergleichbaren Positionen tätig war, die Führung der Bezeichnung »Fachanwalt für Arbeitsrecht« wegen dessen langjähriger Tätigkeit entgegen dem Bescheid der zuständigen Rechtsanwaltskammer gestattet.

Die Voraussetzungen (Erfahrungen und Kenntnisse) für den Erwerb des »Fachanwalts« sind durch die neue Berufsordnung verschärft worden, was zu begrüßen ist. Es ist äußerst fragwürdig, ob für die notwendigen besonderen theoretischen Kenntnisse eines »Spezialisten« im Arbeitsrecht tatsächlich ein **Dreiwochenkursus** ausreicht. Es ist in Fachkreisen allgemein bekannt, daß die in den Kursen zu schreibenden Klausuren im allgemeinen keine allzu große Hürde darstellen. Der Wert einer Bezeichnung wird aber auf Dauer entwertet, wenn die Hürde so einfach zu nehmen ist, daß sie jede Anwältin und jeder Anwalt – vorausgesetzt sie oder er bucht die nicht billigen Kurse – überspringen kann.

Insbesondere das **Deutsche Anwaltsinstitut** bietet anerkannte Lehrgänge zum Erwerb besonderer Kenntnisse auf verschiedenen Fachgebieten nach der **Fachanwaltsordnung** an. Mit dem Besuch einer bestimmten Anzahl von Wochenlehrgängen, die jeweils samstags mit einer Klausur enden, erfüllt man den theoretischen Teil der Voraussetzungen zur Führung der Bezeichnung »Fachanwalt für ...«. Daneben ist für die Führung der Bezeichnung die Bearbeitung einer bestimmten Zahl an Fällen aus dem jeweiligen Gebiet als Rechtsanwalt Voraussetzung (siehe dazu die FachAnwO).

Für folgende Bereiche werden Fachanwaltslehrgänge angeboten:

Steuern und Betrieb in Detmold (Kosten ca. 2500 DM für Rechtsanwälte, 1750 DM für Rechtsreferendarinnen und Rechtsreferendare oder Rechtsanwälte mit weniger als zweijähriger Zulassung).

Arbeitsrecht in Bad Sassendorf bzw. Soest (Kosten ca. 1800 DM für Rechtsanwälte, 1500 DM für Rechtsreferendarinnen und Rechtsreferendare oder Rechtsanwälte mit weniger als zweijähriger Zulassung). Notwendige Kursdauer für den Fachanwalt: drei Lehrgänge über jeweils eine Woche.

Verwaltungsrecht in Travemünde (Kosten ca. 3000 DM für Rechtsanwälte, 2450 DM für Rechtsreferendarinnen und Rechtsreferendare oder Rechtsanwälte mit weniger als zweijähriger Zulassung). Notwendige Kursdauer für den Fachanwalt: vier Lehrgänge über jeweils eine Woche.

Sozialrecht in Bochum (Kosten ca. 1750 DM, 1400 DM für Rechtsreferendarinnen und Rechtsreferendare oder Rechtsanwälte mit weniger als zweijähriger Zulassung). Notwendige Kursdauer für den Fachanwalt: drei Lehrgänge über jeweils eine Woche.

Geplant sind Kurse zum **Fachanwalt für Familienrecht** und zum **Strafrecht**.

Die Kurse können auch in Teillehrgängen absolviert werden. Zu den reinen Tagungskosten kommen die **Kosten für die Unterbringung**, die selbst getragen werden müssen. Diese können leicht höher werden als die Kosten für die Fachanwaltslehrgänge. Zu empfehlen ist daher, sich rechtzeitig bei den entsprechenden örtlichen Tourismusbehörden zu melden, um sich günstige Unterbringungsmöglichkeiten in der Nähe des Tagungsortes zu beschaffen.

Die **Anreise** empfiehlt sich aus Gründen der Entspannung bereits am Sonntag abend, da die Kurse bereits früh am morgen losgehen. Außerdem läßt sich am ersten Abend bereits der ein oder andere Kontakt knüpfen. Erstaunlicherweise besteht ein großer Teil der Teilnehmerinnen und Teilnehmer aus Rechtsreferendarinnen und Rechtsreferendaren. Eine andere große Gruppe sind die Junganwältinnen und Junganwälte mit bis zu vier Jahren Praxis. Wer hier die Ohren spitzt, lernt viel fürs Leben, gratis und nebenbei. Die Referentinnen und Referenten sind meist namhafte Richterinnen und Richter an Bundesgerichten, Fachanwältinnen und Fachanwälte oder Professorinnen und Professoren. Die Vorträge bleiben angesichts des zur Verfügung stehenden Zeitraums zumeist an der Oberfläche und sind im Hinblick auf die Präsentation zum Teil leider vorsintflutlich. Das Programm wird überwiegend abgelesen; Folien sind so gut wie unbekannt. Hier gibt es angesichts der Preise für die Veranstaltungen, die von bis zu mehreren hunderten Teilnehmerinnen und Teilnehmern besucht werden, sicher einiges zu verbessern.

Die **Abschlußklausuren** sind für Rechtsreferendarinnen und Rechtsreferendare machbar. Schließlich sollen auch bereits länger in der Praxis befindliche Anwältinnen und Anwälte den Kurs erfolgreich absolvieren können. Die **Durchfallquote** soll dem Vernehmen nach mit der im zweiten Staatsexamen vergleichbar sein. Die Klausuren können bei **Nichtbestehen** im Folgelehrgang auch ohne erneute Zahlung der vollen Kursgebühr gegen einen geringen Betrag wiederholt werden.

Informationen:

Deutsches Anwaltsinstitut e.V.
Postfach 52 02 80
44740 Bochum
Telefon (02 34) 97 06 40 oder 1 50 81
Telefax (02 34) 70 35 07

Neben dem Deutschen Anwaltsinstitut bietet auch die **Deutsche AnwaltAkademie** in Zusammenarbeit mit einem Veranstalter einen Kursus für den Erwerb der Bezeichnung **»Fachanwalt für Arbeitsrecht«** an. In fünf Bausteinen (jeweils Donnerstag bis Samstag, Sonntag vormittags Klausur) wird das notwendige theoretische Rüstzeug vermittelt. Diesen Kursus können Sie mit wenigen »Urlaubstagen« auch nebenbei bewältigen. Einen Haken hat die Sache natürlich: Die auf unter der Woche beschäftigte und bereits gut verdienende Anwälte zugeschnittenen Lehrgänge kosten 4300 DM für Rechtsanwältinnen und -anwälte und immerhin noch 3900 DM für Rechtsreferendarinnen und Rechtsreferendare. Die Preise verstehen sich zzgl. Mehrwertsteuer (15 %).

Informationsmaterial bei:

Gesellschaft für Juristen-Information mbH
GJI
Kirchberger Weg 18
72160 Horb/N.
Telefon (0 74 51) 89 12
Telefax (0 74 51) 12 62

oder
Deutsche AnwaltAkademie
Ellerstr. 48
53119 Bonn
Telefon (02 28) 9 83 66 77
Telefax (02 28) 9 83 66 66

Einen Intensivkurs (Kleingruppen mit maximal 35 Personen!) zum Erwerb der Bezeichnung Fachanwältin/Fachanwalt für **Arbeitsrecht** verspricht der **Republikanische Anwältinnen- und Anwälteverein** (RAV). Die in vier einwöchige Blöcke aufgeteilte theoretische Ausbildung findet in Kassel, dem Sitz des Bundesarbeitsgerichts, statt. Jeder Teillehrgang kostet 580 DM bzw. 480 DM für Mitglieder des Vereins (inkl. Mwst.).

Informationen können Sie anfordern bei:

RAV Geschäftsstelle
30175 Hannover
Ellernstraße 13
Telefon (05 11) 81 60 61
Telefax (05 11) 81 37 69

Neuerdings hat die **Deutsche AnwaltAkademie** in Zusammenarbeit mit dem Fachinstitut für Betriebswirtschaft und Steuerrecht – Dr. Grannemann und von Fürstenberg – einen Kursus zum Erwerb der Zusatzqualifikation **Fachanwalt für Steuerrecht/Steuerberater** auf die Beine gestellt. Die für den Fachanwaltskurs notwendigen sieben Unterrichtseinheiten an drei Tagen (Do/Fr/Sa) kosten für Rechtsreferendarinnen und Rechtsreferendare 4650 DM brutto (keine zusätzliche Mehrwertsteuer).

Information:

Fachinstitut für Betriebswirtschaft und Steuerrecht
Dr. Grannemann und von Fürstenberg
Marienstraße 8
79098 Freiburg
Telefon (07 61) 3 90 90 und 3 90 36
Telefax (07 61) 3 06 25
oder
Deutsche AnwaltAkademie
Adresse siehe oben

Neben den von der Anwaltschaft selbst angebotenen Fortbildungen mit teilweise 150 und mehr Teilnehmerinnen und Teilnehmern werden ähnliche Seminare auch **von anderen Firmen und Vereinen** angeboten. Bei der Auswahl sollte man sich von individuellen Kriterien oder von Erfahrungen früherer Lehrgangsteilnehmerinnen und -teilnehmer leiten lassen.

Zur Zeit wird die sicher sinnvolle Einführung weiterer Fachanwaltsbezeichnungen diskutiert. Die neue Berufsordnung sieht die Einführung der Fachanwältin bzw. des Fachanwalts für Familienrecht und für Strafrecht vor.

Einzelne Veranstalter bieten bereits entsprechende Kurse an. So führt ein Bonner Institut eine Fortbildung zur Fachanwältin für Familienrecht bzw. zum Fachanwalt für Familienrecht durch. Die Anwaltsvereine werden in Kürze entsprechende Veranstaltungen anbieten.

XX. Das Anwaltshonorar

Wenn wir uns nun mit dem Anwaltshonorar und den einzelnen Gebühren befassen, so klingt dies sehr abstrakt nach Betriebswirtschaft und Gebührenrecht. Entsprechend nachlässig wird diesem Bereich seitens vieler Anwälte Beachtung geschenkt. Völlig zu unrecht! Bevor Sie anwaltliche Tätigkeit ausüben, sollten Sie gerade dieses Thema verinnerlicht haben. Es handelt sich nicht um Theorie, sondern es handelt sich um IHR GELD! Um Ihr Geld, das Sie verdienen oder nicht verdienen.

Die Anwaltspraxis, und sei sie noch so klein, ist ein **Wirtschaftsunternehmen** und muß entsprechend geführt werden. Geld wird nur verdient, wenn man ihm entgegengeht und nicht, wenn man ihm hinterherläuft. Das Thema **Honorar** muß somit offensiv angegangen werden und nicht defensiv.

Es gibt keine anwaltliche Tätigkeit, die nicht nach der BRAGO abgerechnet werden könnte. Halten Sie sich daran! Üben Sie keine Tätigkeit aus, die nicht abgerechnet wird. Jeder Mandant erwartet von seinem Anwalt, daß er ihn gut vertritt. Er erwartet daher, daß er für die Tätigkeit zu zahlen hat. Bereits bei der Mandatsannahme muß die Honorarfrage geklärt werden. Machen Sie sich Notizen über die Einkommens- und Vermögensverhältnisse des Klienten. Bei der Abrechnung von **Rahmengebühren** benötigen Sie diese Information. Rechnen Sie auch Mandate von Verwandten und Bekannten nach regulärem Streitwert höchstmöglich ab. Mandanten, die sich an anwaltliche Tätigkeit ohne Rechnung oder mit **»Freundschaftsrechnung«** gewöhnt haben, bilden keinen Grundstock für eine wirtschaftlich florierende Anwaltspraxis, weil sie diese Vorzugsbehandlung als Dauerzustand ansehen.

Sie werden am Anfang nur ausgenutzt. Wollen Sie später das Gebührenaufkommen an die gesetzlichen Möglichkeiten angleichen, so werden diese Mandanten nach dem Motto »Wenn ich **voll** bezahlen muß, kann ich ja gleich zu einem richtigen Anwalt gehen!« verlieren. **Der »richtige Anwalt«** ist somit von Anfang an derjenige, der auch richtig abrechnet.

Fazit:
Wenn Sie zu Beginn Ihrer Anwaltstätigkeit zu wirtschaftlich unsinnigen Honoraren arbeiten, haben Sie viele **Nummern im Prozeßregister**, jedoch rote Zahlen auf Ihren Kontoauszügen. Wollen Sie dies zu einem späteren Zeitpunkt ändern, verlieren Sie den Mandantenstamm, den Sie vermeintlich aufgebaut haben.

Hüten Sie sich jedoch auch vor Selbstüberschätzung! Es macht keinen Sinn, ausschließlich bei der Honorarregelung äußerst professionell vorzugehen, und Ihre und Ihrer Mitarbeiter Tätigkeit für den Mandanten läßt zu wünschen übrig. Sie werden sich einen Ruf als **»Gebühren-Hai«** erwerben. Ist dieser Ruf einmal da, wird der Mandant kein Folgemandat erteilen und Sie auch nicht weiterempfehlen. Selbst wenn sich die Qualität der anwaltlichen Leistung später steigern läßt, werden Sie eine harte Zeit vor sich haben, bis der Ruf wiederhergestellt ist. Gerade der Junganwalt darf sich somit Fehler und Nachlässigkeiten in der Bearbeitung der Mandate nicht erlauben, will er seine selbständige Tätigkeit möglichst bald auf wirtschaftlichen Erfolgskurs bringen.

Also: Solide und kreative anwaltliche Tätigkeit und gesundes Honorarbewußtsein müssen Hand in Hand gehen, soll sich wirtschaftlicher Erfolg einstellen.

Sie werden auf Mandanten treffen, deren Probleme Sie lösen sollen, die »im Augenblick äußerst knapp bei Kasse« sind und hoch und heilig versprechen, nach erfolgreichem Abschluß des Mandates bestimmt über Geld zu verfügen und dann auch zahlen zu wollen. Fallen Sie auf solche Leute nicht herein! Sie werden viel Arbeit investieren und nicht nur nichts verdient haben, sondern zusätzlich noch Kosten (Ihr Geld!) verursacht haben. Gerade solchen Leuten muß klargemacht werden, daß ohne **Vorschuß** überhaupt nichts läuft. Solange der Druck besteht, daß Fristen nicht gewahrt werden oder sonstige Nachteile zu erwarten sind, wird man Ihnen den geforderten Vorschuß rechtzeitig anweisen. Ist die Sache vorbei, werden Sie keine Mark mehr sehen, mit der Vollstreckung baden gehen und nur noch der böse Mahner sein.

Auch mit **sozialer Einstellung** zum Anwaltsberuf hat dies nichts, ja überhaupt nichts zu tun. Wer **so** arbeitet, hat keine soziale Berufsauffassung, sondern eine höchst unprofessionelle.

Eines müssen wir uns immer vor Augen halten: Jeder Mandant empfiehlt die Praxis an gleichartige Mandanten. Nichtzahlende Mandanten ziehen somit wiederum nichtzahlende Mandanten nach sich, während gut zahlende Mandanten wiederum gut zahlende Mandanten bringen. Pflegen Sie also die guten Mandanten und trennen Sie sich von den schlechten.

So, wie Sie mit (vom theoretischen Gebührenaufkommen her) guten Mandaten konfrontiert werden, die dennoch nichts bringen, weil der Mandant nicht das hält, was das Mandat verspricht, so werden Sie auch **Mandate** angetragen bekommen, die vom Wert und Leistungsaufkommen her erkennbar **unwirtschaftlich** sind. Solche Mandate sollten Sie zu den gesetzlichen Gebühren nicht annehmen, es sei denn, es handelt sich um sogenannte Nebenmandate von ansonsten sehr guten Mandanten. Hier bedarf es keiner Diskussion, daß ein derartiges Mandat als Service-Leistung für den guten Mandanten übernommen wird. Dies sollte man ihm jedoch **auch** klar zu verstehen geben.

Oft ist es so, daß gerade Junganwälten vor Ort z. B. die **Eintreibungsmandate von Sportvereinen** übertragen werden. Der Gegenstandswert ist der rückständige Vereinsbeitrag, d. h. die niedrigste Gebührenstufe. Bei jedem einzelnen dieser Mandate werden Sie kein Geld verdienen, sondern zulegen. Machen Sie also dem Vorstand gleich zu Anfang des Mandatsverhältnisses klar, daß die Vereinsmandate äußerst unlukrativ sind, falls Ihnen nicht jährlich eine bestimmte Anzahl »Kompensationsmandate« von Vorstands- oder Vereinsmitgliedern erteilt werden. So können Sie über die Service-Leistung für den Verein zu lukrativen Mandanten kommen, jedoch nur, wenn Sie die notwendige Kopplung von Anfang an zur Bedingung machen. Sollten Sie es als strategisch besser ansehen, zunächst nur die kleinen Mandate zu nehmen und später über die notwendigen anderen Mandate zu sprechen, werden Sie keine Chance mehr haben. Sie haben sich als jemand zu erkennen gegeben, der mit Krümeln zufrieden ist. Warum sollte man Ihnen später Kuchen geben?

Wird Ihnen ein derartiges Mandat angetragen, ohne daß es sich um eine Service-Leistung für einen guten Mandanten oder die Gegenleistung für **Kompensationsmandate** handelt, so machen Sie Ihrem Mandanten eindeutig klar, daß Sie sich in Anbetracht der geringen gesetzlichen Gebühren nicht so um seine Sache kümmern können, wie er dies erwartet, und lehnen Sie aus diesem Grunde die Annahme des Mandates ab, falls nicht ein wirtschaftlich vernünftiges Honorar vereinbart wird.

Der Mandant wird entweder einsichtig sein und das zahlen, was notwendig ist, oder er geht ein Schild weiter zum Kollegen, der diese Sache zu den gesetzlichen Gebühren bearbeitet. Haben Sie keine Sorge, auch dieser Mandant ist für Ihre Praxis noch nicht verloren. Sollte die Sache nicht so ausgehen, wie er sich das vorgestellt hat, wird er sich an Sie erinnern und Ihnen zukünftig das Honorar zahlen, das Sie verlangen.

Lassen Sie sich keinesfalls dazu verleiten, ein Mandat zu den gesetzlichen Gebühren anzunehmen, wenn Sie zunächst ein zusätzliches Honorar vereinbaren wollten. Sie können noch so gut gearbeitet haben, wenn die Sache ungünstig für den Mandanten ausgeht, wird es für ihn daran gelegen haben, daß Sie sich mangels **Zusatzhonorars** nicht so um seine Sache gekümmert haben, wie es möglich gewesen wäre. Diesen Mandanten werden Sie dauerhaft verloren haben und er wird sich darüber hinaus negativ über Sie äußern.

Eine über die gesetzlichen Gebühren hinausgehende **Honorarvereinbarung** empfiehlt sich außer bei geringen Gegenstandswerten immer dann, wenn es sich um Mandate handelt, die den Mandanten emotional berühren. Ich denke hier an einen großen Teil der Scheidungs-, Unterhalts- und Sorgerechtsmandate, manche Erbschaftsauseinandersetzungen und Nachbarschaftsstreite. Nicht daß der Eindruck entsteht, die Emotionen des Mandanten sollten ausgenutzt werden; nein-emotional aufgeladene Mandanten machen erfahrungsgemäß so viel **Mehrarbeit**, daß ein Zusatzhonorar tatsächlich angemessen erscheint.

Das Gleiche gilt für **Strafverteidigungen**. Unterstellen Sie eine Strafverteidigung vor dem Schöffengericht mit 4 Hauptverhandlungstagen, sehen Sie in der BRAGO nach, was Sie nach den §§ 83 und 84 verdienen können und Sie werden mir zustimmen, daß dies nicht kostendeckend sein kann.

Sie können Ihre Kanzlei nur erfolgreich wirtschaftlich führen, wenn Ihnen bekannt ist, wieviel Sie umsetzen müssen. Der **Mindestumsatz**, den Sie benötigen, richtet sich individuell nach der Kostenstruktur, Ihren eigenen Ansprüchen und Ihrer Gewinnerwartung.

Grundlage der **Wirtschaftlichkeitsberechnung** ist die genaue Zeiterfassung Ihrer Tätigkeit je Einzelakte. Verstecken Sie sich nicht hinter dem Scheinargument »zusätzlicher Arbeitsaufwand«, wenn Sie auf diese Arbeitsgrundlage verzichten und anstatt dessen weiter improvisieren wollen. Auch wenn Sie es schätzen, Ihre betriebswirtschaftliche Auswertung nachträglich als verspätete Weihnachtsüberraschung durch Ihren Steuerberater zu erhalten, überspringen Sie dieses Kapitel.

Im Ernst: Die Zeiterfassung Ihrer Tätigkeit je Akte benötigt nicht mehr als zehn Minuten pro Tag.

Hierzu gehört in jede Akte ein Arbeitsblatt, worauf die jeweilige Aktenbearbeitung (Mandantenbesprechung / Schriftsatzdiktat / Wiedervorlagenbearbeitung / Wahrnehmung von Gerichtsterminen / Gebührenabrechnung / Zwangsvollstreckung usw.) mit Tagesdatum und Zeit notiert wird.

Weiter benötigen Sie ein **Tagesarbeitsblatt**, worauf Sie die gleiche Eintragung vornehmen. Es wird Sie überraschen, wenn Sie nach einigen Tagen feststellen, daß Sie nicht acht bis zehn Stunden täglich aufwenden – wie Sie gedacht haben –, um Umsatz zu machen, sondern nur fünf bis maximal 5 1/2 Stunden. Den Rest des Tages verbringen Sie mit **umsatzunabhängigen Tätigkeiten**. Sollten Sie regelmäßig unter fünf Stunden umsatzrelevante Tätigkeit täglich kommen, so ist Ihre Kanzlei unwirtschaftlich organisiert.

Nunmehr errechnen Sie den Jahresetat Ihrer **Kanzleikosten**. Hierzu gehören: Raumkosten mit Raumnebenkosten / Personalkosten mit Nebenkosten / Bürobedarf mit Fachliteratur / Abschreibung auf Anlagewerte oder Leasingkosten / Fortbildungskosten und Versicherungsbeiträge / Porto- und Telefonkosten / Kammerbeiträge und Steuerberaterkosten / KFZ-Kosten. Vergessen Sie keine auch noch so kleine Position.

Jetzt müssen Sie kalkulieren, welches »Unternehmergehalt« einschließlich der persönlichen Steuern und unter Berücksichtigung einer angemessenen Altersversorgung Sie benötigen.

Nehmen wir an, Sie haben jährliche **Kanzleikosten** in Höhe von 95 000 DM und für sich als **»Unternehmergehalt«** monatlich 7000 DM = jährlich 84 000 DM festgesetzt.

Dies macht jährlich 179 000 DM aus.

Nehmen wir weiter an, Sie genehmigen sich pro Jahr insgesamt einen Monat Urlaub, so verbleiben elf Monate. Nehmen wir einen Schnitt von 21 Arbeitstagen pro Monat, je Arbeitstag eine realistische umsatzrelevante Tätigkeit von 5 Stunden an, so macht dies eine Jahresarbeitsleistung von 1155 Stunden. Selbstverständlich arbeiten Sie mehr, jedoch haben Sie nur 1155 Stunden für Tätigkeiten, die auch umsatzrelevant sind.

Bei dieser Struktur müssen Sie **155 DM je Stunde** umsetzen, um die Kanzleikosten und das »Unternehmergehalt« zu erwirtschaften.

Fehlt noch zum Ausgleich Ihres Kapitaleinsatzes und dafür, daß Sie das unternehmerische Risiko tragen, der »Unternehmergewinn«. Dieser sollte am vorgegebenen Beispiel nicht unter 65 DM je Stunde liegen, so daß als Durchschnitt ein Stundensatz von 220 DM angestrebt werden müßte.

Dies ist auch der Stundensatz, den Sie vereinbaren müssen, wenn Sie ein Mandat auf **»Zeithonorarbasis«** abrechnen wollen.

Nach diesem Modell können Sie individuell für Ihre Praxis und für sich selbst den Stundensatz errechnen, der notwendig ist. Liegen Ihre Kosten höher und möchten Sie ein höheres »Unternehmergehalt« für sich selbst ansetzen, so erhöht sich der Stundensatz, sind die Kosten geringer und wollen Sie bescheidener leben, so vermindert sich der Stundensatz.

Wenn Sie Ihren **persönlichen Stundensatz** erarbeitet haben, so können Sie leicht anhand des Arbeitsblattes in der einzelnen Handakte abgleichen, ob Gebührenaufkommen und Zeitaufwand in einer gesunden wirtschaftlichen Relation zueinander stehen.

Wir unterscheiden nunmehr unterschiedliche Mandate, nämlich

Klasse I: Mandate, die einen Stundensatz von 220 DM und mehr einbringen.

Klasse II: Mandate, die einen Stundensatz zwischen 155 DM und 220 DM einbringen.

Klasse III: Mandate, die weniger als 155 DM Stundensatz einbringen.

Bei Mandaten der Klasse III setzen Sie finanziell zu, diese sollten daher vermieden bzw. abgebaut werden. Mandate der Klasse II sollten mit Elan bearbeitet und Mandate der Klasse I bevorzugt erledigt werden.

Machen Sie nicht den Fehler, sich mit Mandaten der Klasse III aufzureiben und sich mit der Bearbeitung der Klasse-I-und-II-Mandate Zeit zu lassen. Sie ziehen die schlechten Mandate an sich und vergraulen die nachhaltig erfolgversprechenden Mandanten.

Ein Letztes zu diesem Thema: Freuen Sie sich nicht über Mandate der Klassen I und II, wenn die entsprechende Honorierung nicht Ihrem Konto gutgeschrieben ist. **Honorarausfälle** können im Zweifel nur vermieden werden, wenn Sie Ihre Tätigkeit von **kostendeckenden Vorschüssen** abhängig machen. Fallen Sie nicht auf falsche Versprechungen Ihrer Mandanten herein!

Beginnen Sie sofort mit dieser betriebswirtschaftlichen Umsetzung Ihrer Arbeit, auch wenn Sie mangels ausreichender Anzahl an Mandaten erkennen müssen, daß Sie Ihre Planzahlen noch nicht erreichen. Wenn Sie für den Anfang nur auf 2,5 bis 3 Stunden »Umsatztätigkeit« kommen, hängen Sie nicht für den Rest der möglichen Arbeitszeit trüben Gedanken nach, sondern nutzen Sie die verbleibende Zeit, Ihre Kanzlei optimal zu organisieren, vervollkommnen Sie Ihre Kenntnisse im Gebührenrecht, kümmern Sie sich um eine solide Aus- und Weiterbildung Ihres Personals, besuchen Sie Fortbildungsveranstaltungen und üben Sie Diktat und freie Rede.

Wenn Sie sich dies alles erst vornehmen, wenn zu einem späteren Zeitpunkt die Arbeitsbelastung Sie dazu zwingt, so fehlt Ihnen dann die Zeit für eine prinzipiell mögliche gesteigerte »Umsatztätigkeit«. Wenn Sie jetzt die Zeit nutzen, haben Sie vielleicht später die Möglichkeit, anstatt fünf bis 5,5 Stunden täglich sechs bis 6,5 Stunden umsatzrelevant zu arbeiten und die Anlaufverluste Ihrer selbständigen Tätigkeit alsbald wieder aufzuholen.

XXI. Die Gebühren

Für die einzelnen Tätigkeiten erhält der Anwalt Gebühren. **Was** er im einzelnen hierfür leisten muß und für welche Leistung weitere Gebühren entstehen, ist in der **Bundesrechtsanwaltsgebührenordnung BRAGO** geregelt. Zu wenig Gebühren abzurechnen ist unprofessionell, zu viel Gebühren zu verlangen ist strafbar!

Um die Gebühren korrekt abzurechnen, müssen die entsprechenden **Leistungsmerkmale der anwaltlichen Tätigkeit** verinnerlicht werden. Damit kein Geld verschenkt wird, müssen die entstandenen Gebühren genauestens in der Akte – auf dem sogenannten Kostenblatt – vermerkt werden.

Es würde den Rahmen dieses Ratgebers sprengen, wollte man einen Kurzkommentar zur BRAGO einbauen. Ich will mich daher an dieser Stelle darauf beschränken, auf typische Fehler hinzuweisen, die zur Gebührenminderung (bei gleicher Arbeit) führen. Die Weichen zu diesen – nicht mehr heilbaren Fehlern – werden bei der Mandatsannahme gestellt.

Beispiel 1

Sie erhalten ein Mandat einer Eigentümergemeinschaft, vertreten durch den Verwalter. Sie nehmen den Verwalter als Kläger und verdienen nur die 10/10 Prozeßgebühr (§ 31). Sie lassen alle beteiligten Eigentümer klagen und erhalten gemäß § 6 BRAGO eine Prozeßgebühr von bis zu 30/10. Sie können also ohne Mehrarbeit das Gebührenvolumen nicht unerheblich steigern.

Beispiel 2

Sie erhalten ein Eintreibungsmandat und lassen sich bei Mandatsannahme Klageauftrag erteilen. Sie schreiben vorher noch ein außergerichtliches Aufforderungsschreiben, welches den Erfolg bringt, daß nicht mehr geklagt werden muß. Sie verdienen nur eine 5/10 Prozeßgebühr gem. § 32 Abs. 1 BRAGO (vorzeitige Beendigung des Auftrages). Lassen Sie sich bei Mandatsaufnahme den Auftrag erteilen, zunächst außergerichtliche Durchsetzung zu versuchen und den Klageauftrag zurückzustellen, so verdienen Sie eine Geschäftsgebühr gemäß § 118 Abs. 1 Nr. 1 BRAGO in Höhe von 5/10 bis 10/10, Mittelgebühr also 7,5/10.

Beispiel 3
Sie erhalten den Auftrag, einen Gesellschaftsvertrag zu erarbeiten. 3 Gesellschafter sind vorhanden. Somit sind auch sämtliche Gesellschafter Ihre Auftraggeber. Sie verdienen also eine Geschäftsgebühr gem. § 118 Abs. 1 Nr. 3 BRAGO nebst 2 × 3/10 Erhöhung gem. § 6 BRAGO für weitere Auftraggeber. Obwohl grundsätzlich für die Besprechung mit den Mandanten keine Gebühr entsteht, erhalten Sie in diesem Falle noch eine 10/10 Besprechungsgebühr gem. § 118 Abs. 1 Nr. 2 BRAGO, weil das Gesetz dies ausdrücklich vorsieht. Für eine derartige Tätigkeit ist immer die Höchstgebühr angemessen! Die gleichen Gebühren verdienen Sie nochmals, wenn Sie sich um die Auflösung der Gesellschaft kümmern.

Beispiel 4
Sie beraten einen Mandanten in einer Erbangelegenheit mit einem Gegenstandswert von 500 000 DM sehr detailliert und ausführlich. Sie halten eine Abrechnung nach diesem Wert in Höhe einer 10/10 Beratungsgebühr gem. § 20 BRAGO für angemessen. Dies wären 4225 DM nebst Postauslagen und Mehrwertsteuer. *Pech gehabt!* In diesem Falle würden Sie nur die sogenannte Erstberatungsgebühr in Höhe von maximal 350 DM verlangen können.

Da das rechtsuchende Publikum die Sicherheit haben soll, wenn es ein Anwaltsbüro betritt, für eine Beratung nicht mehr als 350 DM nebst Auslagen und gesetzlicher Mehrwertsteuer bezahlen zu müssen, ist diese Vorschrift vom Gesetzgeber anläßlich der letzten BRAGO-Reform eingeführt worden. Hier sollte wohl die Hemmschwelle herabgesetzt werden, ein Anwaltsbüro zu betreten.

Im Beispiel 4 hätten Sie also abstrakt über die Möglichkeiten des Erbfalles referieren und auf mögliche Fristen hinweisen müssen und hätten damit die Erstberatungsgebühr verdient. An dieser Stelle ist der Mandant darauf hinzuweisen, daß weitere Beratung über die Erstberatung hinausgeht. Falls er weitere Beratung wünscht, mag er den entsprechenden Auftrag erteilen, am besten schriftlich. Sodann kann nach vollem Wert abgerechnet werden. Sollte Kostenträger eine Rechtsschutz-Versicherung sein, so sollte über die Erstberatung ein Ergebnisprotokoll festgehalten werden und über die weitergehende Beratung – am besten zu einem späteren Zeitpunkt – ein weiteres Protokoll. Mit der Übersendung einer Kopie der entsprechenden Protokolle erspart man sich ausufernde zusätzliche Schreiben an die Rechtsschutz-Versicherung.

Wenn der Mandant Abrechnung über die Rechtsschutzversicherung möchte, so ist vorab zu klären, ob die gewünschte Beratung überhaupt gedeckt ist und ob darüber hinaus ein Versicherungsfall vorliegt.

Ein Versicherungsfall liegt nämlich nur vor, wenn die Lebensumstände des Mandanten eine Veränderung (objektiv) erfahren haben, die eine entsprechende Beratung notwendig macht.

Liegen Zweifel vor, daß die Rechtsschutzversicherung die Kosten Ihrer Tätigkeit zu tragen hat, empfiehlt sich *vorher* die Einholung der Deckungszusage.

Beispiel 5

Ihr Mandant wünscht z. B. die Durchführung eines gerichtlichen Verfahrens mit Prozeßkostenhilfe. Haben Sie Bedenken, daß Prozeßkostenhilfe tatsächlich bewilligt wird, so sollten Sie Ihre Tätigkeit davon abhängig machen, daß der Mandant eine 5/10 Gebühr gem. § 51 BRAGO nebst Auslagen und gesetzlicher Mehrwertsteuer **als Vorschuß** zahlt. Sollte PKH nicht bewilligt werden, werden Sie später kein Geld mehr erhalten. Denken Sie daran, daß die Pfändungsfreigrenzen (bei Eintreibung Ihres eigenen Gebührenanspruchs) fast identisch sind mit den monatlichen Einkünften, die der Mandant nicht überschreiten darf, um PKH zum Nulltarif (also ohne Ratenzahlung) zu erhalten.

Sollte der Mandant nicht in der Lage sein, diesen Vorschuß zu zahlen, investieren Sie keine unbezahlte Arbeit, sondern schicken den Mandanten zur Rechtsantragstelle des Gerichts, damit er dort einen entsprechenden Antrag zu Protokoll erklären kann. Wenn dann PKH bewilligt ist, beginnen Sie mit Ihrer Tätigkeit. An dieser Stelle sei der Hinweis erlaubt, daß zur Beantragung der PKH auch bei Gerichten, wo Anwaltszwang herrscht, kein Anwalt notwendig ist.

Wie bereits oben dargelegt, weise ich nochmals darauf hin, daß sich diese Arbeitsweise nur dann empfiehlt, wenn begründete Zweifel daran bestehen, daß PKH bewilligt wird. Sind Sie davon überzeugt, daß alle Voraussetzungen zur Bewilligung vorliegen, so werden Sie selbstverständlich auch Arbeit investieren können, ohne entsprechenden Vorschuß zu verlangen.

Beispiel 6
Sie vertreten einen Mandanten, dessen Gegner um PKH nachgesucht hat. Die Klageschrift wurde im Entwurf übersandt, und das Gericht hat Termin zur Erörterung der Sache im PKH-Prüfungsverfahren anberaumt. Viele Richter nehmen diesen Termin zum Anlaß, die Sache zu erörtern, evtl. sogar Beweise zu erheben und das Verfahren einer gütlichen Einigung zuzuführen. Denken Sie daran, daß Sie in diesem Verfahren die Gebühren des § 31 BRAGO nur zur Hälfte verdienen und daß es in diesem Verfahren eine Kostenerstattung durch die Gegenseite nicht gibt.

Drängen Sie darauf, daß vor Ihrer Tätigkeit im Termin der Gegenseite PKH bewilligt oder verweigert wird. Sollte bewilligt werden und sich eine gütliche Einigung abzeichnen, so lassen Sie protokollieren, daß Sie die Klageschrift als zugestellt annehmen und auf Ladungs- und Einlassungsfrist verzichten. Jetzt können Sie erörtern und die Sache einer vergleichsweisen Einigung zuführen und verdienen die Gebühren des § 31 BRAGO in voller Höhe.

Lassen Sie sich nicht als Sparschwein des Finanzministers mißbrauchen!

Beispiel 7
Sie haben einen Mandanten, der einen Anspruch von 50 000 DM mit Prozeßkostenhilfe (PKH) durchsetzen möchte. Eine PKH-Gebühr beträgt in diesem Falle 725 DM, eine 10/10 Gebühr des § 31 BRAGO dagegen 1425 DM, mithin fast das Doppelte.

Befragen Sie Ihren Mandanten sehr genau nach seinen Vermögens- und Einkommensverhältnissen, da die Höhe der von ihm an die Gerichtskasse zu zahlenden Raten Einfluß darauf hat, ob Sie über die PKH-Gebühren hinaus weitere Gebühren erhalten können. Wenn der Mandant also sein Einkommen herunterschwindelt, gibt er nicht nur eine falsche eidesstattliche Versicherung in dem Fragebogen ab, sondern mindert auch Ihren Verdienst.

Beides sollte nicht vorkommen. Bedenken Sie, daß der Mandant bis zu 48 Monatsraten zu zahlen hat, die wie folgt verrechnet werden: Zunächst auf die von Ihnen abgerechneten PKH-Gebühren und die auf den Mandanten entfallenden Gerichtskosten, sodann voll auf die Regelgebühren, bis diese entweder vollständig eingezahlt sind oder die 48. Rate gezahlt ist. Sind die vollen Gebühren gezahlt und haben Sie Ihren Antrag gem. § 124 BRAGO (weitere Vergütung) bei Gericht eingereicht, so erhalten Sie die Differenz ausgezahlt.

Beispiel 8

In einer Schadenregulierungssache machen Sie den Anspruch gegen die gegnerische Versicherung mittels Mahnbescheids für Ihren Mandanten geltend. Nach Zustellung meldet sich der Sachbearbeiter der Versicherung bei Ihnen, um die Sache abschließend zu besprechen und zu vergleichen.

Endet diese Sache dadurch, daß ein Vergleich geschlossen und das Mahnverfahren nicht weitergeführt wird, so erhalten Sie nach den gesetzlichen Vorschriften eine 10/10 Gebühr für die Beantragung des Mahnbescheides gem. § 43 Abs. 1 Nr. 1 BRAGO und eine 10/10 Vergleichsgebühr gem. § 23 BRAGO. Sie erhalten keine 15/10 Vergleichsgebühr (außergerichtlicher Vergleich), weil die Sache bei Gericht anhängig war, und Sie erhalten keine Besprechungsgebühr, weil diese nur außergerichtlich und in Sachen der freiwilligen Gerichtsbarkeit anfallen kann.

Ohne Mahnbescheid hätten Sie 30/10 Gebühren verdient (2 × 7,5/10 Geschäfts- und Besprechungsgebühr und eine 15/10 Vergleichsgebühr für außergerichtlichen Vergleich).

Wenn sich also der Sachbearbeiter der Versicherung bei Ihnen meldet, vereinbaren Sie – bevor Sie in die Vergleichsbesprechung einsteigen! – für den Fall der vergleichsweisen Erledigung Ihre Kosten mit 30/10. Wenn Ihnen erst später einfällt, daß Sie ein schlechtes Geschäft gemacht haben, so bleiben die Versicherungen erfahrungsgemäß hart.

Ich habe Ihnen anhand dieser acht beispielhaften Fälle aufgezeigt, daß Sie die Höhe Ihrer Vergütung durch rechtzeitige Einschätzung der anwaltlichen Tätigkeit steuern können. Wenn Sie Ihre Tätigkeit nicht entsprechend steuern, so kann Ihnen auch der beste Experte im Gebührenrecht nicht dazu verhelfen, das Minus auszugleichen.

Gerade Junganwälten mit unterqualifiziertem Personal drohen weitere Mindereinnahmen dadurch, daß einzelne anwaltliche Tätigkeiten nicht oder nicht korrekt abgerechnet werden. Ich denke da an die folgend aufgeführten typischen Abrechnungsfehler:

- Ein gerichtliches Verfahren endet durch Vergleich, womit gleichzeitig bisher nicht anhängige Ansprüche erledigt werden. Letztere sind mit 15/10 Vergleichsgebühr abzurechnen, und es entsteht eine 5/10 Prozeßgebühr gem. § 32 Abs. 2 BRAGO. Die Kürzungsvorschrift des § 13 Abs. 3 BRAGO sollte allerdings beherrscht werden.
- Eine Beweisgebühr wird nicht abgerechnet, da die Vorschrift des § 34 BRAGO (Urkundenbeweis) nicht angewendet wird.
- Die Erledigungsgebühr des § 24 BRAGO (Rücknahme oder Änderung eines angefochtenen Verwaltungsaktes) ist nicht bekannt.
- Verhandlungsgebühren, die auch ohne mündliche Verhandlung entstehen können (§ 35 BRAGO), werden nicht abgerechnet. Der Rechtsanwalt trägt durch seine Tätigkeit zur Aussöhnung scheidungswilliger Mandanten bei. Er hat Anspruch auf eine volle Gebühr gem. § 36 Abs. 2 BRAGO.
- Die gesetzlich bestimmte »besondere Angelegenheit« beim Verfahren nach Einspruch gegen Versäumnisurteil (§ 38 BRAGO) und beim Verfahren nach Abstandnahme vom Urkunden- oder Wechselprozeß oder nach Vorbehaltsurteil (§ 39 BRAGO) wird nicht berücksichtigt.
- Die Vollstreckungsgebühren der §§ 57, 58 BRAGO werden schlechtweg vergessen. Bei Verfahren wie Zwangsvollstreckungs-

auftrag an Gerichtsvollzieher (und Räumungsauftrag), Antrag auf Erlaß eines Pfändungs- und Überweisungsbeschlusses, Antrag auf Abgabe der eidesstattlichen Vermögensversicherung wird dies nicht geschehen, da die entsprechenden Formularsätze bzw. EDV-Programme die Geltendmachung der Kosten vorsehen. Der Antrag auf Eintragung einer Zwangshypothek oder die Vollstreckungsanträge an das Prozeßgericht erster Instanz (Ersatzvornahme, Zwangsgeld, Zwangshaft) oder die Vollziehung eines Arrestes oder einer einstweiligen Verfügung sehen eine Kostenrechnung im Antrag nicht vor. Daher werden die entstandenen Gebühren oft nicht abgerechnet und weder von der Partei eingefordert noch gegenüber der Gegenseite geltend gemacht.

Besonders hoch sind die Honorarausfälle in Familiensachen. Hand aufs Herz! Können Sie sich vorstellen, das mögliche Durcheinander von Verbundverfahren, isolierten Verfahren, EA-Verfahren einschließlich Verbindung von isolierten Verfahren zum Verbundverfahren oder späterer Trennung aus dem Verbundverfahren korrekt abzurechnen? Allein die Aufzählung der typischen Fehler würde den Umfang dieses Ratgebers sprengen. Bereits die Kenntnis darüber, daß teilweise die Gegenstandswerte in isolierten Verfahren erheblich höher sind als im Verbundverfahren, führt bei korrekter Abrechnung zu deutlichen Mehreinnahmen. Zu diesem Spezialthema empfehle ich Ihnen dringend die Teilnahme an einem Fachseminar und darf an dieser Stelle bereits auf die seitens der Verfasser dieses Ratgebers angebotene Seminarreihe verweisen.

Auch Straf- und Bußgeldsachen werden häufig nur unzureichend abgerechnet. Wirklich schwere und umfangreiche Strafsachen sollten Anlaß bieten, an eine Honorarvereinbarung zu denken. Aber auch die mittelprächtigen Straf- und Bußgeldsachen lassen sich durchaus wirtschaftlich sinnvoll abrechnen, wenn **folgendes** beachtet wird:

- Seit der BRAGO-Reform des Jahres 1994 ist es möglich, den Gebührenrahmen der §§ 84, 83 Abs. 1, 85 Abs. 1, 86 Abs. 1 BRAGO um bis zu 25% zu überschreiten, falls der Beschuldigte sich nicht auf freiem Fuß befindet. Damit kann endlich der Mehraufwand berechnet werden, der dadurch entsteht, daß dieser Mandantenkreis den Verteidiger nicht zur Vorbereitung der Verteidigung in der Praxis aufsuchen kann, sondern am Haft- bzw. Unterbringungsort aufgesucht werden muß. Selbstverständlich gilt diese Regelung auch jeweils für die in Absatz 3 der §§ 85 und 86 BRAGO aufgeführten Tätigkeiten. Leider hat der Gesetzgeber nicht berücksichtigt, daß auch die Tätigkeiten gem. §§ 83 Abs. 2, 85 Abs. 2 und 86 Abs. 2 BRAGO einen deutlichen Mehraufwand bedeuten, falls sich der Mandant nicht auf freiem Fuß befindet, da auch zwischen den einzelnen Hauptverhandlungstagen Vorbereitungsgespräche zwischen Anwalt und Mandant zu führen sind. Vielleicht wird dieser Umstand bei der nächsten BRAGO-Reform durch den Gesetzgeber berücksichtigt werden. Bis dahin müssen wir uns damit abfinden, daß bei Fortsetzungsverhandlungstagen *kein* Zuschlag von bis zu 25 % abgerechnet werden kann.

- Was für die **Verteidigung in Strafsachen** gilt, gilt auch ausdrücklich für die **Verteidigung in Bußgeldsachen**, da in dem § 105 Abs. 3 BRAGO aufgeführt ist, daß die Vorschriften des Sechsten Abschnitts (Strafsachen) sinngemäß für die Bußgeldverfahren gelten. Hieraus folgt, daß die Verteidigung eines inhaftierten Mandanten in einer Bußgeldsache dazu führt, daß der Gebührenrahmen entsprechend anzuheben ist und – falls dieser nicht ausreicht – um bis zu 25 % überschritten werden kann.
- Die Gebühren des Pflichtverteidigers (§ 97 BRAGO) werden im Falle des inhaftierten Mandanten vom vierfachen der Mindestgebühr auf das 5fache der Mindestgebühr angehoben, allerdings auch hier nicht für die Fortsetzungsverhandlungstage. Im Falle der Abrechnung der 5fachen Mindestgebühr entfällt folgerichtig die Begrenzung auf die Hälfte der Höchstgebühr.
- In Strafsachen mit vier mehr Hauptverhandlungstagen von mindestens durchschnittlich jeweils vier Stunden Verhandlungsdauer (oder drei Hauptverhandlungstagen von mindestens durchschnittlich jeweils sechs Stunden Verhandlungsdauer) empfiehlt sich immer ein Antrag auf Pauschvergütung gemäß § 99 BRAGO. Die Pauschvergütung kann erheblich über die Gebühren des § 97 BRAGO hinausgehen! Sie tun gut daran, zunächst die »normalen«

97er Gebühren zur Festsetzung anzumelden und erst dann den Antrag nach § 99 zu stellen. Sie werden dann nach einigen Wochen die 97er Gebühren aus der Staatskasse erhalten. Die Bearbeitung Ihres Antrages nach § 99 durch das OLG kann sich hinziehen, da die Akten zur Bearbeitung des Antrages erst an das OLG übersandt werden, wenn sie prozessual nicht mehr benötigt werden, unter Umständen somit erst nach Abschluß des Revisionsverfahrens!

Wenn Ihnen der Beschluß des OLG zugestellt wird, wonach Ihnen eine weitere Pauschvergütung zugesprochen wird, und Sie erwarten nunmehr den Eingang der Pauschvergütung auf Ihrem Konto, so warten Sie vergebens. Der OLG-Beschluß stellt nur fest, daß Ihnen die Vergütung zusteht. Sie müssen nunmehr die Ihnen zustehende Vergütung *nebst gesetzlicher Mehrwertsteuer* zur Festsetzung gegen die Staatskasse bei dem Gericht des ersten Rechtszuges mittels amtlichen Formulars anmelden. Erst dann können Sie mit Geldeingängen rechnen.

- Probleme mit der Abrechnung entstehen erfahrungsgemäß immer dann, wenn Zahlungen des Mandanten oder Dritten mit dem Anspruch des Pflichtverteidigers gegen die Staatskasse zusammentreffen. Nicht von der Staatskasse erhaltene Zahlungen sind auf den Anspruch gegen die Staatskasse anzurechnen. Gemäß § 101 BRAGO hat die Anrechnung zu unterbleiben, soweit der Anwalt durch die Anrechnung weniger als den doppelten Betrag des Pflichtverteidigers erhalten würde. Wenn Sie also gegenüber der Staatskasse an reinen Gebühren 1000 DM abrechnen können, so dürfen Sie eine weitere Zahlung von wiederum 1000 DM erhalten haben, ohne daß eine Anrechnung dieser Zahlung erfolgt. Haben Sie 1500 DM erhalten, so können Sie von der Staatskasse nur noch 500 DM verlangen. Der Ersatz Ihrer Aufwendungen für Kopierkosten, Reisekosten, Abwesenheitsgeld darf nicht verdoppelt werden, da diese nur einmal entstehen können.

  Achten Sie bitte darauf, daß Sie auf jeden Fall die Frage nach Vorschüssen oder sonstigen Zahlungen, die das amtliche Formular vorsieht, korrekt beantworten, da der Rechtspfleger ansonsten die

Verrechnung nach § 101 BRAGO nicht vornehmen kann. Erhalten Sie durch unrichtige Angaben mehr als Ihnen zusteht, so müssen Sie mit der Einleitung eines strafrechtlichen Ermittlungsverfahren *gegen Sie* rechnen. Eine Vielzahl von Kollegen hat diese bittere Erfahrung machen müssen. Ersparen Sie sich den Ärger. Selbst wenn das Ermittlungsverfahren gegen Sie ohne Verurteilung durch Einstellung endet, haben Sie damit zu rechnen, daß man Ihre Abrechnungsweise zukünftig im Auge behält! Wenn Sie die Abrechnungen durch Ihr Personal erstellen lassen, so überprüfen Sie die Abrechnungen unter diesem Gesichtspunkt besonders gut, und zwar in Ihrem eigenen Interesse.

- Achten Sie auf die Möglichkeit der Abrechnung höherer Gebühren gem. § 88 BRAGO, insbesondere auf die Anhebung des Gebührenrahmens um bis zu 25 %, falls Sie mit der Verteidigung eine Tätigkeit ausüben, die sich auf das Fahrverbot oder die Entziehung der Fahrerlaubnis erstreckt.
- Machen Sie für einen freigesprochenen Mandanten Ansprüche nach dem Strafentschädigungsgesetz geltend, so vergessen Sie nicht, daß Ihnen für diese Tätigkeit ein Anspruch gemäß § 118 BRAGO erwächst, der von der Staatskasse ebenfalls zu übernehmen ist.
- Geld wird ebenfalls verschenkt, wenn die Vorschriften des § 89 (Vermögensrechtliche Ansprüche), § 90 (Wiederaufnahmeverfahren), § 91 (einzelne Tätigkeiten), § 93 (Gnadengesuche), § 94 (Privatklage) und § 95 (Nebenklage) nicht ausgeschöpft werden. Wenn Sie entsprechende Mandantschaft haben, erarbeiten Sie sich diese Materie. Es lohnt sich, und Ihr Konto wird schöne schwarze Zahlen schreiben.

XXII. Der Junganwalt und das Verfahrensrecht

Der Jungjurist, der sich entschließt, Rechtsanwalt zu werden, ist meist auf den Gebieten des materiellen Rechts gut ausgebildet, jedoch hinsichtlich der restlichen Rechtsgebiete auf den Anwaltsberuf durch die Bank äußerst dürftig vorbereitet.

Auf die Möglichkeiten, hinsichtlich der wirtschaftlichen Substanz der selbständigen Tätigkeit festen Boden unter den Füßen zu er- oder behalten, habe ich im Kapitel *Honorare* hingewiesen, auf die Möglichkeit, die eigene Tätigkeit bestmöglich in angemessene Erträge umzusetzen, im Kapitel *Gebühren*.

Begeben wir uns nun zu den möglichen Fallstricken des **Prozeß- und Verfahrensrechts**:

Sie – und nicht Ihr Personal – sind verantwortlich dafür, daß Fristen eingehalten und Termine wahrgenommen werden. Für den Fall, daß eine Notfrist nicht gewahrt wurde, müssen Sie darlegen, daß alles erdenkliche getan wurde, um derartige Fehler zu vermeiden. Können Sie dies nicht darlegen und glaubhaft machen, so hat ein Gesuch um Wiedereinsetzung in den vorigen Stand keine Chance, positiv beschieden zu werden. Selbstverständlich dürfen Sie diesen Aufgabenbereich delegieren. In diesem Fall muß Ihr Personal gut ausgebildet, nachgeschult und regelmäßig überwacht werden. Es geht somit nicht an, Fristen und Termine von Auszubildenden oder gar fachfremden Hilfskräften notieren zu lassen.

Zum Anwaltsverschulden, welches regelmäßig einen Antrag auf Wiedereinsetzung in den vorigen Stand (in Zivilsachen) ausschließt, gehören: tatsächlich eigenes Verschulden des Anwalts, Auswahlverschulden (falsches Personal am falschen Platz) und Organisationsverschulden (keine eindeutige Struktur hinsichtlich Verantwortlichkeit und ungenaue Arbeitsanweisungen).

Nachfolgend werden beispielhaft einige Problemfälle aufgeführt. Prüfen Sie sich selbst, ob Ihnen Pannen unterlaufen wären:

- Sie sollen einen Unfall mit einem ausländischen Militärfahrzeug regulieren. Frist zur Anmeldung der Ansprüche beim zuständigen

Amt für Verteidigungslasten: 90 Tage seit Eintritt des Schadens (nicht Kenntnis des Schädigers). Klagefrist bei Total- oder Teilablehnung der Regulierung: 2 Monate (Notfrist).

- Sie machen eine Forderung am letzten Tag vor Ablauf der Verjährungsfrist mittels Mahnbescheides geltend. Es wird Widerspruch eingelegt. Falls Sie nicht dafür Sorge tragen, daß die Klagebegründung der Gegenseite *alsbald* zugestellt werden kann, ist die Forderung Ihres Mandanten verjährt, da der Mahnbescheid nur Anhängigkeit und nicht Rechtshängigkeit bewirkt. Sie sollten also sofort die notwendigen Gerichtskosten einzahlen und sich auch keine Zeit lassen, die Begründung einzureichen. Selbst ein Zeitablauf von drei Wochen kann bereits als bedenklich angesehen werden. Verfolgen Sie insoweit die Rechtsprechung.
- Ein Mietvertrag endet am 30. April des Jahres, die Mieter geben die Schlüssel des Objektes am 10. April bereits ab. Die Verjährung des Anspruchs auf Schadenersatz tritt nicht mit Ablauf des 30. Oktober, sondern mit Ablauf des 10. Oktober ein. Achtung! Die rechtzeitige Einleitung eines gerichtlichen Beweissicherungsverfahrens unterbricht die Verjährung nicht.
- Sie haben einen Arrest oder eine einstweilige Verfügung erwirkt. Die Vollziehungsfrist beträgt einen Monat. Sie vollziehen, ohne vorher zugestellt zu haben. Sie müssen nunmehr die Zustellung an die Gegenseite innerhalb einer Woche ab dem Tag der Vollziehung nachgeholt haben. Würden Sie mit der Wochenfrist die Monatsfrist überschreiten, so verkürzt sich die Wochenfrist entsprechend. Müßte an einen Antragsgegner im Ausland zugestellt werden, so reicht die fristgemäße Einreichung des Antrages auf diplomatische Zustellung aus.
- Nachdem Ihr Mandant Einspruch gegen den Vollstreckungsbescheid eingelegt hat, ergeht im Termin Versäumnisurteil gegen ihn. Hiergegen ist nur noch das Rechtsmittel der Berufung zulässig und kein Einspruch, da das Versäumnisurteil ein zweites Versäumnisurteil darstellt.
- Die Berufungserwiderungsfrist im Arbeitsgerichtsprozeß ist einer Notfrist gleichgestellt.

Die oben gezeigten Probleme stellen nur eine begrenzte Auswahl für mögliche Pannen (und damit verbundener Regresse) dar. Wenden Sie daher in der ersten Zeit Ihrer selbständigen Berufstätigkeit dem formalen Recht besondere Aufmerksamkeit zu, damit Sie zufriedene Mandanten behalten. Besuchen Sie das eine oder andere Fachseminar.

Ein weiteres Feld, sich das Wohlwollen des Mandanten zu verscherzen, ist die Zwangsvollstreckung. Daß Sie den Prozeß gewonnen haben, ist meist für den Mandanten eine Selbstverständlichkeit. Die Schwierigkeit, die damit verbunden war, kann er oft nicht nachvollziehen. Ihr Ruf als durchsetzungsfähiger Anwalt wird aber letztlich daran gemessen, daß Sie den erstrittenen Titel in Geld umsetzen. Das Urteil selbst ist und bleibt nichts als ein (allerdings unter Umständen recht teures) Stück Papier, sofern nicht erfolgreich vollstreckt wird.

Wenn der Gegner dem Mandanten als »arm« bekannt ist und er deshalb von Vollstreckungsmaßnahmen derzeit absehen will, überreden Sie ihn nicht erst und rechnen hinterher die entstandenen Kosten ab. Dies wird er Ihnen nicht verzeihen.

In allen anderen Fällen sollten Sie jedoch im Interesse des Mandanten mit aller Härte vollstrecken. Hier ist Kreativität gefragt. Auch im Soll geführte Konten des Schuldners bringen Geld, wenn Sie nicht nur das Guthaben, sondern auch die ein- und ausgehenden Gelder in die Pfändung einschließen. Denken Sie daran, daß nicht nur Forderungen des Schuldners an den Drittschuldner, sondern auch Rechte des Schuldners pfändbar sind.

Liegt Ihnen der Grundbuchauszug über ein Grundstück des Schuldners vor, woraus sich ergibt, daß derzeit eine Zwangsversteigerung nicht zum Erfolg führt, weil zu hohe Vorbelastungen vorhanden sind, so können Sie den nicht mehr oder nicht mehr voll valutierten Teil der erstrangigen Hypotheken und Grundschulden pfänden und somit aus einer günstigen Rangstelle die Zwangsversteigerung betreiben. Sie gehen also gegenüber den anderen Gläubigern auf die Überholspur.

Insoweit erfolgreich zu vollstrecken bedarf einer intensiven Beschäftigung mit der Materie. Legen Sie sich entsprechende Kommentare zu und besuchen Sie Fortbildungsveranstaltungen.

Insgesamt ist eines festzuhalten: Je weniger Sie selbst von diesen formalen Rechtsgebieten verstehen, um so qualifizierter sollte Ihr Personal auf diesem Gebiet sein. Sie sollten jedoch zumindest so viel von der Sache verstehen, daß Sie die Tätigkeit Ihres Personals nachvollziehen und *überwachen* können. Auch hochqualifiziertes Personal kann durch **Übereifer** und den **Drang zur Selbstdarstellung** schädlich für den Ruf Ihrer Praxis sein. Im übrigen sollten Sie daran denken, daß Sie gegenüber unmäßigen Gehaltsforderungen erpreßbar werden, wenn Sie dem »unentbehrlichen Mitarbeiter« keine soliden Eigenkenntnisse entgegenhalten können.

Anhang:

Teile aus der geplanten Berufsordnung für Rechtsanwälte (BORA)

Einleitung

Die Rechtsanwältinnen und Rechtsanwälte in der Bundesrepublik Deutschland geben sich durch die Versammlung ihrer frei gewählten Vertreterinnen und Vertreter folgende Berufsordnung:

Erster Teil
Freiheit der Berufsausübung

§ 1 Freiheit der Advokatur

(1) Der Rechtsanwalt übt seinen Beruf frei, selbstbestimmt und unreglementiert aus, soweit Gesetz und Berufsordnung ihn nicht im besonderen verpflichten.

(2) Die Freiheitsrechte des Rechtsanwalts gewährleisten die Teilhabe des Bürgers am Recht. Seine Tätigkeit dient der Verwirklichung des Rechtsstaats.

(3) Als unabhängiger Berater und Vertreter in allen Rechtsangelegenheiten hat der Rechtsanwalt seinen Mandanten vor Rechtsverlusten zu schützen, ihn rechtsgestaltend, konfliktvermeidend und streitschlichtend zu begleiten, vor Fehlentscheidungen durch Gerichte und Behörden zu bewahren und vor verfassungswidriger Beeinträchtigung und staatlicher Machtüberschreitung zu sichern.

Zweiter Teil
Pflichten bei der Berufsausübung

§ 1 Verschwiegenheit

(1) Der Rechtsanwalt ist zur Verschwiegenheit berechtigt und verpflichtet.

(2) Das Recht und die Pflicht zur Verschwiegenheit beziehen sich auf alles, was ihm in Ausübung seines Berufes bekanntgeworden ist, und bestehen nach Beendigung des Mandats fort.

(3) Die Pflicht zur Verschwiegenheit gilt nicht, soweit Gesetz oder Berufsordnung Ausnahmen zulassen oder berechtigte eigene Interessen des Rechtsanwalts das Geheimhaltungsinteresse des Mandanten überwiegen.

(4) Der Rechtsanwalt hat seine Mitarbeiter und alle sonstigen Personen, die bei seiner beruflichen Tätigkeit mitwirken, zur Verschwiegenheit (§ 43a Abs. 2 BRAO) ausdrücklich zu verpflichten und anzuhalten.

§ 2 Widerstreitende Interessen

(1) Der Rechtsanwalt darf nicht tätig werden, wenn er, gleich in welcher Funktion, eine andere Partei in derselben Rechtssache im widerstreitenden Interesse bereits beraten oder vertreten hat oder mit dieser Rechtssache in sonstiger Weise beruflich befaßt war.

(2) Das Verbot gilt auch, wenn ein anderer Rechtsanwalt oder Angehöriger eines anderen Berufes i.S.d. § 59a BRAO, mit dem der Rechtsanwalt in Sozietät oder in sonstiger Weise zur gemeinschaftlichen Berufsausübung oder in Bürogemeinschaft verbunden ist oder war, in derselben Rechtssache, gleich in welcher Funktion, im widerstreitenden Interesse bereits beraten oder vertreten hat oder mit dieser Rechtssache in sonstiger Weise beruflich befaßt war.

(3) Erkennt der Rechtsanwalt, daß er entgegen den Absätzen 1 oder 2 tätig wird, hat er alle Mandate in derselben Rechtssache unerzüglich zu beenden.

§ 3 Umgang mit Fremdgeld und anderen fremden Vermögenswerten

(1) In Erfüllung der Pflichten aus § 43a Abs. 5 BRAO hat der Rechtsanwalt zur Verwaltung von Fremdgeldern Anderkonten zu führen.

(2) Fremde Gelder und sonstige Vermögenswerte, insbesondere Wertpapiere und andere geldwerte Urkunden, sind unverzüglich an den Berechtigten weiterzuleiten. Wenn und solange dies nicht möglich ist, sind fremde Gelder auf Anderkonto zu verwalten. Sonstige Vermögenswerte sind gesondert zu verwahren. Das gilt nicht, wenn und solange etwas anderes vereinbart worden ist.

(3) Eigene Kostenforderungen darf der Rechtsanwalt nicht mit Geldern verrechnen, die an ihn zweckgebunden für Dritte gezahlt worden sind.

§ 4 Kanzleipflicht

Der Rechtsanwalt ist verpflichtet, die für seine Berufsausübung erforderlichen sachlichen, personellen und organisatorischen Voraussetzungen vorzuhalten.

§ 5 Werbung

(1) Der Rechtsanwalt darf über seine Dienstleistung und seine Person informieren, soweit die Angaben sachlich unterrichten und berufsbezogen sind.

(2) Der Rechtsanwalt darf in keiner Weise daran mitwirken, daß Dritte für ihn Werbung betreiben, die ihm selbst verboten ist.

(3) Bezahlte Werbung in Radio, Fernsehen, Kino und auf öffentlichen Reklameflächen ist unzulässig.

(4) Praxisbroschüren, Rundschreiben und andere vergleichbare Informationsmittel sind zulässig. Hierin dürfen über die Beschränkungen des § 1 hinausgehende Angaben gemacht werden.

(5) Die Angabe von Erfolgsziffern und Umsatzzahlen ist unzulässig. Hinweise auf Mandate und Mandanten sind nur in den in Absatz 4 benannten Werbeträgern oder auf Anfrage zulässig, soweit der betroffene Mandant in seine Benennung eingewilligt hat.

§ 6 Interessen- und Tätigkeitsschwerpunkte

Der Rechtsanwalt darf über die Kundgabe von Fachanwaltsbezeichnungen hinaus Teilgebiete der Berufstätigkeit als Interessen- und/oder Tätigkeitsschwerpunkte angeben. Als Tätigkeitsschwerpunkte dürfen höchstens drei Teilgebiete genannt werden, sofern der Rechtsanwalt mindestens zwei Jahre nach Zulassung auf diesen Gebieten nachhaltig tätig gewesen ist. Insgesamt sind höchstens fünf Schwerpunktangaben zulässig. Interessen- und Tätigkeitsschwerpunkte sind als solche zu bezeichnen.

§ 7 Kundmachung von beruflicher Zusammenarbeit

Der Rechtsanwalt darf auf eine gemeinschaftliche Berufsausübung nur hinweisen, wenn sie in einer Sozietät, in sonstiger Weise (freie Mitarbeit, Anstellungsverhältnisse mit sozietätsfähigen Personen im Sinne des § 59a Abs. 1 und 3 BRAO) oder in einer auf Dauer angelegten und durch tatsächliche Ausübung verfestigten Kooperation erfolgt. Zulässig ist auch der Hinweis auf die Mitgliedschaft in einer EWIV.

§ 8 Kurzbezeichnungen

(1) Bei beruflicher Zusammenarbeit, soweit sie in einer Sozietät, Partnerschaftsgesellschaft oder in sonstiger Weise (freie Mitarbeit, Anstellungsverhältnisse mit sozietätsfähigen Personen im Sinne des § 59a Abs. 1 und 3 BRAO) erfolgt, darf eine Kurzbezeichnung geführt werden. Diese muß bei der Unterhaltung mehrerer Kanzleien einheitlich geführt werden.

(2) Die Kurzbezeichnung darf neben Namen von Gesellschaftern sowie freien Mitarbeitern und Angestellten im Sinne des Absatz 1 nur einen auf die gemeinschaftliche Berufsausübung hinweisenden Zusatz enthalten. Die Namen früherer Gesellschafter, freier Mitarbeiter oder Angestellter dürfen in der Kurzbezeichnung weitergeführt werden.

§ 9 Briefbögen

(1) Auf Briefbögen müssen auch bei Verwendung einer Kurzbezeichnung die Namen sämtlicher Gesellschafter mit mindestens einem ausgeschriebenen Vornamen aufgeführt werden. Gleiches gilt für Namen von freien Mitarbeitern, Angestellten und sozietätsfähigen Personen im Sinne des § 59a Abs. 1 und 3 BRAO, die in einer Kurzbezeichnung enthalten sind. Wird in einer Kurzbezeichnung auf eine gemeinschaftliche Berufsausübung hingewiesen, so muß mindestens eine der Kurzbezeichnung entsprechende Zahl von Gesellschaftern, freien Mitarbeitern oder Angestellten auf den Briefbögen namentlich aufgeführt werden. Ausgeschiedene Gesellschafter, frühere Mitarbeiter oder Angestellte können auf den Briefbögen nur weitergeführt werden, wenn ihr Ausscheiden kenntlich gemacht wird; § 3 Abs. 2 Satz 2 bleibt unberührt.

(2) Bei beruflicher Zusammenarbeit mit Angehörigen anderer Berufe sind die jeweiligen Berufsbezeichnungen anzugeben.

(3) Werden mehrere Kanzleien unterhalten, so ist für jeden auf dem Briefbogen namentlich Genannten dessen jeweilige Kanzleianschrift anzugeben.

§ 10 Versagung der Berufstätigkeit

Stellt der Rechtsanwalt erst nach Annahme eines Mandats fest, daß ihm eine Berufstätigkeit nach §§ 45, 46 BRAO versagt ist, so hat er unverzüglich davon seinen Mandanten zu unterrichten und das Mandat zu beenden.

§ 11 Besondere Berufspflichten im Zusammenhang mit der Wahrnehmung des Auftrags

(1) Bei Wahrnehmung des Mandats hat der Rechtsanwalt den Auftraggeber über alle für den Fortgang der Sache wesentlichen Vorgänge und Maßnahmen unverzüglich zu unterrichten.

(2) Er hat ihm insbesondere von allen wesentlichen Schriftstücken, die er erhält oder absendet, Kenntnis zu geben.

(3) Anfragen des Auftraggebers hat er unverzüglich zu beantworten.

§ 12 Besondere Berufspflichten bei richtender, vermittelnder oder mediativer Tätigkeit

Wird der Rechtsanwalt als Vermittler, Schlichter oder Mediator tätig, so unterliegt er den Regeln des Berufsrechts.

§ 13 Mandatswechsel

(1) Der Rechtsanwalt, der das einem anderen Rechtsanwalt übertragene Mandat übernimmt, stellt sicher, daß der früher tätige Rechtsanwalt von der Mandatsübernahme unverzüglich benachrichtigt wird.

(2) Der Rechtsanwalt, der neben einem anderen Rechtsanwalt ein Mandat übernimmt, hat den anderen Rechtsanwalt unverzüglich über die Mandatsmitübernahme zu unterrichten.

(3) Dies gilt nicht, wenn der später beauftragte Rechtsanwalt nur beratend tätig wird.

§ 14 Prozeßkostenhilfe und Beratungshilfe

(1) Der Rechtsanwalt ist verpflichtet, bei begründetem Anlaß auf die Möglichkeiten von Beratungs- und Prozeßkostenhilfe hinzuweisen.

(2) Der Rechtsanwalt darf nach Bewilligung von Prozeßkostenhilfe oder bei Inanspruchnahme von Beratungshilfe von seinem Auftraggeber oder Dritten Zahlungen oder Leistungen nur annehmen, die freiwillig und in Kenntnis der Tatsache gegeben werden, daß der Auftraggeber oder der Dritte zu einer solchen Leistung nicht verpflichtet ist.

§ 15 Ausübung des Zurückbehaltungsrechts an Handakten gemäß § 50 Abs. 3 BRAO

(1) Verlangt der Auftraggeber die Herausgabe der Handakten (§ 50 Abs. 4 BRAO) und verweigert der Rechtsanwalt die Herausgabe der Handakten, so kann er berechtigten Interessen des Auftraggebers (§ 50 Abs. 3 Satz 2 BRAO) dadurch Rechnung tragen, daß er dem Auftraggeber Kopien überläßt, es sei denn, das berechtigte Interesse richtet sich gerade auf die Vorlage der Originale.

(2) Verlangt der Auftraggeber Originale und wäre die Vorenthaltung der Handakten oder einzelner Schriftstücke unangemessen (§ 50 Abs. 3 Satz 2 BRAO), so kann der Rechtsanwalt berechtigt sein, dem Auftraggeber die Übergabe zu treuen Händen eines von diesem beauftragten Rechtsanwalts anzubieten.

§ 16 Akteneinsicht

(1) Originalunterlagen von Gerichten und Behörden, die dem Rechtsanwalt zur Einsichtnahme überlassen sind, dürfen nur an Mitarbeiter

des Rechtsanwaltes ausgehändigt werden. Dies gilt auch für das Überlassen der Akte im ganzen innerhalb der Kanzlei. Die Unterlagen sind sorgfältig zu verwahren und ohne schuldhaftes Zögern zurückzugeben.

(2) Bei Ablichtung oder sonstiger Vervielfältigung von Gerichts- oder Behördenakten hat der Rechtsanwalt sicherzustellen, daß Unbefugte keine Kenntnis nehmen.

(3) Der Rechtsanwalt ist berechtigt, Ablichtungen und Vervielfältigungen dem Mandanten zu überlassen. Soweit das Akteneinsichtsrecht durch gesetzliche Bestimmungen oder eine zulässigerweise ergangene Anordnung der die Akten aushändigenden Stelle beschränkt ist, hat der Rechtsanwalt auch bei der Vermittlung des Akteninhalts an seinen Auftraggeber oder andere Personen diese Beschränkung zu beachten.

§ 17 Zustellung

Der Rechtsanwalt hat ordnungsgemäße Zustellungen entgegenzunehmen und das mit dem Datum versehene Empfangsbekenntnis unverzüglich zu erteilen. Wenn der Rechtsanwalt bei einer nicht ordnungsgemäßen Zustellung die Mitwirkung verweigert, muß er dies dem Absender unverzüglich mitteilen.

§ 18 Berufstracht

Der Rechtsanwalt trägt vor Gericht als Berufstracht die Robe, soweit das üblich ist. Eine Berufspflicht zum Erscheinen in Robe besteht beim Amtsgericht in Zivilsachen nicht.

§ 19 Honorarvereinbarung

(1) Das Verbot, geringere als die gesetzlichen Gebühren zu fordern oder zu vereinbaren, gilt auch im Verhältnis zu Dritten, die es anstelle

des Auftraggebers oder neben diesem übernehmen, die Gebühren zu bezahlen, oder die sich gegenüber dem Auftraggeber verpflichten, diesen von anfallenden Gebühren freizustellen.

(2) Die Vereinbarung einer höheren als der gesetzlichen Vergütung verstößt nicht gegen § 49b Abs. 2 BRAO, wenn sie an erfolgsbezogene Bestimmungen der BRAGO anknüpft.

§ 20 Gebühren- und Honorarteilung

Als eine angemessene Honorierung im Sinne des § 49a Abs. 3 BRAO ist in der Regel eine hälftige Teilung aller anfallenden gesetzlichen Gebühren ohne Rücksicht auf deren Erstattungsfähigkeit anzusehen.

§ 21 Abrechnungsverhalten

Spätestens nach Beendigung des Mandats hat der Rechtsanwalt gegenüber dem Auftraggeber und/oder Gebührenschuldner über Honorarvorschüsse und Fremdgelder unverzüglich abzurechnen.

§ 22 Pflichten gegenüber der Rechtsanwaltskammer

(1) Der Rechtsanwalt hat dem Vorstand unaufgefordert und unverzüglich anzuzeigen:

1. die Änderung des Namens,
2. Begründung und Wechsel der Anschrift von Kanzlei und Wohnung,
3. die von ihm unterhaltenen Telekommunikationsmittel nebst Nummern,
4. die Eingehung oder Auflösung einer Sozietät, Partnerschaftsgesellschaft oder sonstigen Verbindung zur gemeinschaftlichen Berufsausübung,
5. die Eingebung und Beendigung von Beschäftigungsverhältnissen mit Rechtsanwälten.

(2) Der Rechtsanwalt hat in Erfüllung seiner Auskunftspflicht nach § 56 BRAO dem Vorstand der Rechtsanwaltskammer vollständig Auskunft zu erteilen und auf Verlangen Urkunden vorzulegen.

§ 23 Streitigkeiten unter Kollegen
Will ein Rechtsanwalt einen anderen Rechtsanwalt darauf hinweisen, daß er gegen Berufspflichten verstoßen hat, so darf dies nur vertraulich geschehen, es sei denn, daß die Wahrnehmung der Interessen des Auftraggebers oder die eigene Interessenwahrnehmung eine Reaktion in anderer Weise erfordern.

§ 24 Umgehung des Gegenanwalts
(1) Der Rechtsanwalt darf nicht ohne Einwilligung des Rechtsanwalts eines anderen Beteiligten mit diesem unmittelbar Verbindung aufnehmen oder verhandeln.

(2) Dieses Verbot gilt nicht bei Gefahr im Verzuge. Der Rechtsanwalt des anderen Beteiligten ist jedoch unverzüglich zu unterrichten; von schriftlichen Mitteilungen ist ihm eine Abschrift unverzüglich zu übersenden.

§ 25 Versäumnisurteil
Der Rechtsanwalt darf ein Versäumnisurteil nur erwirken, wenn er dies zuvor dem Gegenanwalt angekündigt hat.

§ 26 Beachtung des anwaltlichen Berufsrechts
(1) Ein Rechtsanwalt darf sich mit Angehörigen anderer nach § 59a Abs. 1 BRAO sozietätsfähiger Berufe nur dann zu einer Sozietät zur gemeinscchaftlichen Berufsausübung oder in einer Bürogemeinschaft verbinden, wenn diese bei ihrer Tätigkeit auch das anwaltliche Berufsrecht beachten. Dasselbe gilt für die Verbindung mit Angehörigen

anderer nach § 59a Abs. 3 BRAO sozietätsfähiger Berufe, sofern sie in der Bundesrepublik Deutschland tätig werden.

(2) Bei beruflicher Zusammenarbeit, gleich in welcher Form, hat jeder Rechtsanwalt zu gewährleisten, daß die Regeln dieser Berufsordnung auch von der Organisation eingehalten werden.

(3) Soweit einzelne Vorschriften dieser Berufsordnung Rechte und Pflichten des Rechtsanwalts im Hinblick auf die Sozietät als Form der beruflichen Zusammenarbeit vorsehen, gelten sie sinngemäß auch im Hinblick auf alle anderen Rechtsformen der beruflichen Zusammenarbeit.

§ 27 Sternsozietät
Ein Rechtsanwalt darf sich mit Angehörigen anderer nach § 59a Abs. 1 BRAO sozietätsfähiger Berufe nur dann zu einer Sozietät, sonstigen Verbindung zur gemeinschaftlichen Berufsausübung oder in einer Bürogemeinschaft verbinden, wenn diese nicht einer anderen Sozietät, sonstigen Verbindung zur gemeinschaftlichen Berufsausübung oder einer anderen Bürogemeinschaft angehören.

§ 28 Beendigung einer beruflichen Zusammenarbeit
(1) Bei Auflösung einer Sozietät haben die Sozien mangels anderer vertraglicher Regelung jeden Auftraggeber darüber zu befragen, welcher Rechtsanwalt künftig seine laufenden Sachen bearbeiten soll. Wenn sich die bisherigen Sozien über die Art der Befragung nicht einigen, hat die Befragung in einem gemeinsamen Rundschreiben zu erfolgen. Kommt eine Verständigung der bisherigen Sozien über ein solches Rundschreiben nicht zustande, darf jeder der bisherigen Sozien einseitig die Entscheidung der Auftraggeber einholen.

(2) Für den Fall des Ausscheidens eines Sozius aus der Sozietät gilt Abs. 1 hinsichtlich derjenigen Auftraggeber, mit deren laufenden Sa-

chen der ausscheidende Sozius zum Zeitpunkt seines Ausscheidens befaßt oder für die er vor seinem Ausscheiden regelmäßig tätig war. Sein Recht, das Ausscheiden aus der Sozietät allen Mandanten bekannt zu geben, bleibt unberührt.

(3) Die Vorschrift des Abs. 2 gilt entsprechend für die Beendigung einer beruflichen Zusammenarbeit in sonstiger Weise, wenn diese nach außen als Sozietät hervorgetreten ist.

§ 29 Beschäftigung von Rechtsanwälten und anderen Mitarbeitern

(1) Rechtsanwälte dürfen nur zu angemessenen Bedingungen beschäftigt werden. Angemessen sind Bedingungen,

- die eine unter Berücksichtigung der Kenntnisse und Erfahrungen des Beschäftigten und des Haftungsrisikos des beschäftigenden Rechtsanwalts sachgerechte Mandatsbearbeitung ermöglichen,
- die eine der Qualifikation, den Leistungen und dem Umfang der Tätigkeit des Beschäftigten und den Vorteilen des beschäftigenden Rechtsanwalts aus dieser Tätigkeit entsprechende Vergütung gewährleistet,
- die dem beschäftigten Rechtsanwalt auf Verlangen angemessene Zeit zur Fortbildung einräumen und
- die bei der Vereinbarung von Wettbewerbsverboten eine angemessene Ausgleichszahlung vorsehen.

(2) Der Rechtsanwalt darf andere Mitarbeiter und Auszubildende nicht zu unangemessenen Bedingungen beschäftigen.

§ 30 Beteiligung Dritter

Am Gesamtergebnis anwaltlicher Tätigkeit dürfen Dritte, die mit dem Rechtsanwalt nicht zur gemeinschaftlichen Berufsausbildung verbunden sind, nicht beteiligt sein. Das gilt nicht für Mitarbeitervergütung, die Leistung von Versorgungsbezügen oder Vergütungen für die Übernahme der Praxis oder für Leistungen, die im Zuge einer Auseinandersetzung oder Abwicklung der beruflichen Zusammenarbeit erbracht werden.

§ 31 Ausbildungsverhältnisse

Der Rechtsanwalt hat zu gewährleisten, daß die Tätigkeit eines Auszubildenden in der Kanzlei auf die Erreichung des Ausbildungsziels ausgerichtet ist.

§ 32 Grenzüberschreitender Rechtsverkehr

(1) Wird der Rechtsanwalt innerhalb der Europäischen Gemeinschaft grenzüberschreitend im Sinne von Nr. 1.5 der Standesregeln der Rechtsanwälte der Europäischen Gemeinschaft (CCBE) in der Fassung vom 28. Oktober 1988 tätig, gelten anstelle dieser Berufsordnung jene Standesregeln in der Fassung vom 28. Oktober 1988, soweit nicht europäisches Gemeinschaftsrecht oder deutsches Verfassungs-, Gesetzes- oder Verordnungsrecht Vorrang haben. Sind die Standesregeln der Rechtsanwälte der Europäischen Gemeinschaft anzuwenden, dann hat der Rechtsanwalt den ausländischen Rechtsanwalt unverzüglich auf den Vorrang des europäischen Gemeinschaftsrechts und des deutschen Verfassungs-, Gesetzes- oder Verordnungsrechts hinzuweisen; dies kommt insbesondere bei der Anwendung von Nr. 5.3 der Standesregeln in der Fassung vom 28. Oktober 1988 in Betracht.

(2) Wird der Rechtsanwalt sonst grenzüberschreitend tätig, gilt diese Berufsordnung.

Fachanwaltsordnung (FAO)

§ 1 Fachanwaltschaften

Außer den in § 43c BRAO genannten Fachanwaltschaften bestehen weitere Fachanwaltschaften für Familien- und Strafrecht.

§ 2 Voraussetzungen

(1) Voraussetzungen für die Verleihung einer Fachanwaltschaftsbezeichnung sind besondere theoretische Kenntnisse und besondere praktische Erfahrungen.

(2) Besondere theoretische Kenntnisse und besondere praktische Erfahrungen liegen vor, wenn diese auf dem Fachgebiet erheblich das Maß dessen übersteigen, das üblicherweise durch die berufliche Ausbildung und praktische Erfahrung im Beruf vermittelt wird.

(3) Die besonderen theoretischen Kenntnisse müssen die verfassungs- und europarechtlichen Bezüge des Fachgebiets umfassen.

§ 3 Tätigkeit als Rechtsanwalt

Voraussetzung für die Verleihung einer Fachanwaltsbezeichnung ist eine unmittelbar vor Antragstellung mindestens dreijährige ununterbrochene Zulassung und Tätigkeit als Rechtsanwalt.

§ 4 Erwerb der besonderen theoretischen Kenntnisse

(1) Zum Erwerb der besonderen theoretischen Kenntnisse ist in der Regel die Teilnahme an einem auf den Erwerb der jeweiligen Fachanwaltsbezeichnung vorbereitenden anwaltsspezifischen Lehrgang notwendig, der alle relevanten Bereiche des Fachgebietes umfaßt. Die Gesamtdauer des Lehrgangs muß, Leistungskontrollen nicht eingerechnet,

mindestens 120 Zeitstunden betragen. Für die Bezeichnung Steuerrecht kommen für Buchhaltung und Bilanzwesen 40 Zeitstunden hinzu.

(2) Der Lehrgangsbeginn soll nicht länger als vier Jahre vor der Antragstellung liegen. Liegt er länger als vier Jahre zurück, ist eine zwischenzeitliche Fortbildung – in der Regel durch Teilnahme an Fortbildungskursen – nachzuweisen.

(3) Außerhalb eines Lehrgangs erworbene besondere theoretische Kenntnisse müssen dem im jeweiligen Fachlehrgang zu vermittelnden Wissen entsprechen.

§ 5 Erwerb der besonderen praktischen Erfahrungen

Der Erwerb besonderer praktischer Erfahrungen gilt in der Regel als nachgewiesen, wenn der Bewerber innerhalb der letzten drei Jahre vor der Antragstellung im Fachgebiet als Rechtsanwalt selbständig bearbeitet hat:

a) Verwaltungsrecht 80 Fälle, davon mindestens 30 gerichtliche Verfahren. Von den 80 Fällen müssen sich mindestens 60 auf drei verschiedene, in § 8 Abs. 2 aufgeführte Bereiche des besonderen Verwaltungsrechts beziehen.
b) Steuerrecht 50 Fälle aus allen in § 9 genannten Gebieten. Dabei müssen mindestens drei der in § 9 Ziff. 3 genannten Steuerarten erfaßt sein. Mindestens 10 Fälle müssen rechtsförmliche Verfahren (Einspruchs- oder Klageverfahren) sein.
c) Arbeitsrecht 100 Fälle aus den in § 10 Ziff. 1 und 2 bestimmten Bereichen, davon die Hälfte gerichts- oder rechtsförmliche Verfahren. Als Fälle des kollektiven Arbeitsrechts gelten auch solche des Individualarbeitsrechts, in denen kollektives Arbeitsrecht eine nicht unerhebliche Rolle spielt. Beschlußverfahren sind nicht erforderlich.
d) Sozialrecht 60 Fälle aus mindestens drei der in § 11 Abs. 2 bestimmten Bereiche, davon mindestens 1/3 gerichtliche Verfahren.
e) Familienrecht 120 Fälle. Mindestens die Hälfte der Fälle müssen gerichtliche Verfahren sein; dabei zählen gewillkürte Verbundver-

fahren sowie Verfahren des notwendigen Verbundes mit einstweiligen Anordnungen doppelt.

f) Strafrecht 60 Fälle, davon 40 Hauptverhandlungstage vor dem Schöffengericht oder einem übergeordneten Gericht. Bedeutung, Umfang und Schwierigkeit einzelner Fälle können zu einer anderen Gewichtung führen.

§ 6 Nachweise durch Unterlagen

(1) Zum Nachweis der besonderen theoretischen Kenntnisse und praktischen Erfahrungen sind Zeugnisse, Bescheinigungen oder andere geeignete Unterlagen vorzulegen.

(2) Soweit besondere theoretische Kenntnisse durch eine erfolgreiche Lehrgangsteilnahme (§ 4 Abs. 1) dargelegt werden sollen, hat der Antragsteller Zeugnisse des Lehrgangsveranstalters vorzulegen, die zusammen folgende Nachweise umfassen müssen:

a) daß der Antragsteller die Voraussetzungen des § 4 erfüllt,
b) daß, wann und von wem im Lehrgang alle das Fachgebiet in §§ 2 Abs. 3, 8 bis 13 betreffenden Bereiche unterrichtet worden sind,
c) daß der Antragsteller sich mindestens drei schriftlicher Leistungskontrollen (Aufsichtsarbeiten) unterzogen hat, die alle Bereiche des Lehrgangs erfassen. Eine Leistungskontrolle muß mindestens eine Zeitstunde ausfallen und darf fünf Zeitstunden nicht überschreiten. Die Gesamtdauer der Leistungskontrollen darf fünfzehn Zeitstunden nicht unterschreiten. Alle Aufsichtsarbeiten und ihre Bewertungen sind dem Antrag beizufügen.

(3) Zum Nachweis der besonderen Erfahrungen nach § 5 sind Fallisten vorzulegen, die reglemäßig folgende Angaben enthalten müssen: Aktenzeichen, Gegenstand, Zeitraum, Art und Umfang der Tätigkeit, Stand des Verfahrens. Ferner sind auf Verlangen des Fachausschusses anonymisierte Arbeitsproben vorzulegen.

§ 7 Fachgespräch

(1) Kann der Ausschuß der Rechtsanwaltskammer seine Stellungnahme gegenüber dem Vorstand hinsichtlich der besonderen theoretischen Kenntnisse und/oder der besonderen praktischen Erfahrungen nach dem Gesamteindruck der vom Antragsteller vorgelegten Zeugnisse und schriftlichen Unterlagen nicht abgeben, lädt er diesen zu einem Fachgespräch. Hat der Ausschuß Fälle zuungunsten des Antragstellers gewichtet, besteht ein Anspruch auf das Fachgespräch.

(2) Dem Antragsteller sollen bei der Ladung zum Fachgespräch Hinweise auf die Bereiche gegeben werden, in denen der Fachausschuß den Nachweis anhand der eingereichten Unterlagen nicht als geführt ansieht. Die Fragen sollen sich an in diesen Bereichen in der Praxis überwiegend vorkommenden Fällen ausrichten. Die auf den einzelnen Rechtsanwalt entfallende Befragungszeit soll nicht weniger als 45 und nicht mehr als 60 Minuten betragen. Über das Fachgespräch ist ein Inhaltsprotokoll zu führen.

§ 8 Verwaltungsrecht

Für das Fachgebiet Verwaltungsrecht sind nachzuweisen

1. besondere Kenntnisse in den Bereichen
   a) allgemeines Verwaltungsrecht,
   b) Verfahrensrecht,
   c) Recht der öffentlich-rechtlichen Ersatzleistung.
2. Besondere Kenntnisse in zwei Bereichen des besonderen Verwaltungsrechts, von denen einer aus folgenden Gebieten gewählt sein muß:
   a) öffentliches Baurecht,
   b) Abgabenrecht, soweit die Zuständigkeit der Verwaltungsgerichte gegeben ist,
   c) Wirtschaftsverwaltungsrecht (Gewerberecht, Handwerksrecht, Wirtschaftsförderungsrecht, Gaststättenrecht, Berg- und Energierecht),

d) Umweltrecht (Immissionsschutzrecht, Abfallrecht, Wasserrecht, Natur- und Landschaftsschutzrecht),
e) öffentliches Dienstrecht

§ 9 Steuerrecht

Für das Fachgebiet Steuerrecht sind besondere Kenntnisse nachzuweisen in den Bereichen

1. Buchführung und Bilanzwesen einschließlich des Rechts der Buchführung und des Jahresabschlusses,
2. Allgemeines Abgabenrecht einschließlich Bewertungs- und Verfahrensrecht,
3. Besonderes Steuer- und Abgabenrecht auf folgenden Gebieten:
   a) Einkommen-, Körperschaft- und Gewerbesteuer,
   b) Vermögensteuerrecht,
   c) Umsatzsteuer- und Grunderwerbsteuerrecht,
   d) Erbschafts- und Schenkungssteuerrecht,
4. Grundzüge des Verbrauchsteuer-, Außensteuer- und des Steuerstrafrechts.

§ 10 Arbeitsrecht

Für das Fachgebiet Arbeitsrecht sind besondere Kenntnisse nachzuweisen in den Bereichen:

1. Individualarbeitsrecht (Abschluß und Änderung des Arbeits- und Berufsbildungsvertrages, Inhalt und Beendigung des Arbeits- und Berufsbildungsverhältnisses einschließlich Kündigungsschutz, Grundzüge der betrieblichen Altersversorgung, Schutz besonderer Personengruppen, insbesondere der Schwangeren und Mütter, der Schwerbehinderten und Jugendlichen, Grundzüge des Arbeitsförderungsgesetzes und des Sozialversicherungsrechts),
2. Kollektives Arbeitsrecht (Tarifvertrags-, Personalvertretungs- und Betriebsverfassungsrecht, Grundzüge des Arbeitskampf- und Mitbestimmungsrechts),
3. Verfahrensrecht.

§ 11 Sozialrecht

Für das Fachgebiet Sozialrecht sind besondere Kenntnisse nachzuweisen in den Bereichen

1. allgemeines Sozialrecht einschließlich Verfahrensrecht,
2. Arbeitsförderungs- und Sozialversicherungsrecht (Krankenversicherung, Unfallversicherung, Rentenversicherung, Pflegeversicherung); Recht der sozialen Entschädigung bei Gesundheitsschäden und Recht des Familienlastenausgleichs, Recht der Eingliederung Behinderter, Sozialhilferecht, Ausbildungsförderungsrecht.

§ 12 Familienrecht

Für das Fachgebiet Familienrecht sind nachzuweisen besondere Kenntnisse in den Bereichen

1. materielles Ehe-, Familien- und Kindschaftsrecht unter Einschluß familienrechtlicher Bezüge zum Erb-, Gesellschafts-, Sozial- und Steuerrecht, des Rechts der nichtehelichen Lebensgemeinschaft,
2. familienrechtliches Verfahrens- und Kostenrecht,
3. Internationales Privatrecht im Familienrecht,
4. Theorie und Praxis familienrechtlicher Mandatsbearbeitung und Vertragsgestaltung.

§ 13 Strafrecht

Für das Fachgebiet Strafrecht sind besondere Kenntnisse nachzuweisen in den Gebieten

1. der Methodik und des Rechts der Strafverteidigung und Grundzüge der maßgeblichen Hilfswissenschaften,
2. des materiellen Strafrechts einschließlich der Grundzüge des Betäubungsmittelstrafrechts, des Verkehrsstrafrechts, des Wirtschafts- und des Steuerstrafrechts;
3. des Strafverfahrensrechts einschließlich der Grundzüge des Jugendstrafverfahrens, des Ordnungswidrigkeitenverfahrens sowie des Strafvollstreckungs- und Strafvollzugsrechts.

§ 14 Fortbildung

Der Rechtsanwalt muß auf dem Gebiet, in dem er eine Fachanwaltsbezeichnung führt, jährlich an mindestens einer Fortbildungsveranstaltung zum Fachgebiet als Dozent oder Hörer teilnehmen. Die Gesamtdauer der Fortbildung darf zehn Zeitstunden nicht unterschreiten. Dies ist der Kammer unaufgefordert nachzuweisen.

§ 15 Rücknahme und Widerruf

(1) Zuständig für die Rücknahme und den Widerruf der Erlaubnis ist der Vorstand der Kammer, welcher der Rechtsanwalt im Zeitpunkt dieser Entscheidung angehört.

(2) Die Rücknahme und der Widerruf sind nur innerhalb eines Jahres seit Kenntnis des Vorstandes von den sie rechtfertigenden Tatsachen zulässig.

(3) Vor der Entscheidung ist der Rechtsanwalt zu hören. Der Bescheid ist mit Gründen zu versehen. Er ist dem Rechtsanwalt zuzustellen.

§ 16 Anwendungsbereich

Für andere Personen, die Mitglieder einer Rechtsanwaltskammer sind, gelten die §§ 1 bis 8, 10 bis 16 entsprechend; soweit § 11 des Steuerberatungsgesetzes anzuwenden ist, gilt auch § 9 entsprechend.

§ 17 Übergangsregelung

(1) Anträge auf den Gebieten Steuerrecht, Arbeitsrecht, Verwaltungsrecht und Sozialrecht, die die gesetzlichen Voraussetzungen erfüllen und vor Inkrafttreten der Fachanwaltsordnung gestellt worden sind, können zugunsten des Antragstellers auch nach altem Recht entschieden werden.

(2) Erfüllen ein Fachanwaltslehrgang oder Leistungskontrollen auf den Gebieten des Familien- und Strafrechts, die vor Inkrattreten der Fachanwaltsordnung absolviert worden sind, die Voraussetzungen dieser Fachanwaltsordnung nicht, kann der Nachweis der besonderen theoretischen Kenntnisse durch die erfolgreiche Teilnahme an einem Ergänzungslehrgang mit vergleichbaren Leistungskontrollen oder durch nachträglich geleistete Aufsichtsarbeiten zu den durch Leistungskontrollen nicht belegten Gebieten geführt werden.

Fachanwaltsverfahrensordnung (FAVO)

§ 1 Zusammensetzung der Ausschüsse
(1) Der Vorstand der Rechtsanwaltskammer bildet für jedes Fachgebiet mindestens einen Ausschuß und bestellt dessen Mitglieder sowie die stellvertretenden Mitglieder.

(2) Jeder Ausschuß besteht aus mindestens drei Mitgliedern und höchstens drei stellvertretenden Mitgliedern.

(3) Der Vorsitzende des Ausschusses stellt den Vertretungsfall fest.

(4) Bilden mehrere Kammern gemeinsame Ausschüsse, so soll jede Kammer in jedem Ausschuß mit mindestens einem Mitglied vertreten sein.

§ 2 Bestellung der Ausschußmitglieder
(1) Die §§ 65–68 Abs. 1 BRAO gelten entsprechend.

(2) Zum Mitglied oder stellvertretenden Mitglied eines Ausschusses soll in der Regel nur bestellt werden, wer berechtigt ist, die Fachanwaltsbezeichnung für das jeweilige Fachgebiet zu führen.

(3) Scheidet ein Mitglied oder stellvertretendes Mitglied vorzeitig aus, erfolgt eine Neubestellung für die restliche Dauer der Amtszeit des Ausgeschiedenen.

§ 3 Vorzeitiges Ausscheiden aus dem Ausschuß
Ein Mitglied scheidet aus dem Ausschuß aus,
(1) wenn es nicht mehr Mitglied der Kammer ist oder seine Wählbarkeit aus den in § 66 Nr. 1 und 4 BRAO angegebenen Gründen verloren hat;

(2) wenn es sein Amt niederlegt;
(3) wenn es vom Vorstand der Kammer, für die es bestellt ist, abberufen wird.

§ 4 Entschädigung

Die Ausschußmitglieder und ihre Stellvertreter können von ihrer Rechtsanwaltskammer eine Aufwandsentschädigung erhalten.

§ 5 Antragstellung

(1) Der Antrag, die Führung einer Fachanwaltsbezeichnung zu gestatten, ist bei der Rechtsanwaltskammer einzureichen, der der Antragsteller angehört.

(2) Dem Antrag sind die nach der Fachanwaltsordnung erforderlichen Unterlagen beizufügen.

(3) Die Kammer hat dem Antragsteller auf Antrag die Zusammensetzung des Ausschusses sowie deren Änderung schriftlich mitzuteilen.

§ 6 Konstituierung und Mitwirkungsverbote

(1) Der Ausschuß wählt aus seinen Mitgliedern den Vorsitzenden, einen stellvertretenden Vorsitzenden und einen Schriftführer.

(2) Für die Ausschließung und die Ablehnung eines Ausschußmitglieds durch einen Rechtsanwalt gelten die §§ 41 Nr. 2 u. 3, 42 Abs. 1 u. 2 ZPO entsprechend. Ein Ausschußmitglied ist darüber hinaus von der Mitwirkung ausgeschlossen, wenn es mit dem Antragsteller in Sozietät oder anderer Weise zu gemeinschaftlicher Berufsausübung oder zu einer Bürogemeinschaft zusammengeschlossen ist oder in den letzten fünf Jahren vor Antragstellung zusammengeschlossen war. Ausgeschlossen ist auch, wer an Bewertungen des Antragstellers nach § 6 Abs. 2c FAO beteiligt war.

(3) Ein Ablehnungsgesuch ist innerhalb zwei Wochen nach Zugang der Mitteilung über die Zusammensetzung des Ausschusses geltend zu machen, im weiteren Verfahren unverzüglich nach Kenntnis des Ablehnungsgrundes.
(4) Über das Ablehnungsgesuch sowie die Berechtigung einer Selbstablehnung entscheidet der Kammervorstand oder die zuständige Abteilung. Die Entscheidung ist unanfechtbar.

§ 7 Das Verfahren

(1) Der Vorsitzende prüft die Vollständigkeit der ihm von der Rechtsanwaltskammer zugegangenen Antragsunterlagen.

(2) Der Vorsitzende bestimmt ein Ausschußmitglied zum Berichterstatter. Er bestimmt ferner nach Abstimmung mit den übrigen Ausschußmitgliedern, ob über den Antrag im schriftlichen Verfahren oder im Rahmen einer Ausschußsitzung mündlich beraten werden soll.

(3) Im schriftlichen Verfahren gibt der Berichterstatter eine schriftlich begründete Stellungnahme darüber ab, ob der Antragsteller die besonderen theoretischen Kenntnisse und praktischen Erfahrungen nachgewiesen hat, ob er weitere Nachweise oder ob er das Fachgespräch für erforderlich hält. Die Stellungnahme des Berichterstatters ist den anderen Ausschußmitgliedern und anschließend dem Vorsitzenden jeweils zur Abgabe einer schriftlichen Stellungnahme zuzuleiten; § 7 Abs. 5 gilt entsprechend.

(4) Bei mündlicher Beratung ist ein Inhaltsprotokoll zu führen, daß die Voten der Ausschußmitglieder und deren wesentliche Begründung wiedergibt.

(5) Der Ausschuß kann dem Antragsteller zur ergänzenden Antragsbegründung Auflagen erteilen und zur Erfüllung dieser Auflagen angemessene Ausschlußfristen stellen. Bringt der Antragsteller die geforderten Angaben innerhalb der gesetzten Frist nicht bei, so kann

der Ausschuß seine Stellungnahme nach Aktenlage abgeben, wenn der Antragsteller auf diese Rechtsfolge zusammen mit der Fristsetzung hingewiesen worden ist.

(6) Hält der Ausschuß ein Fachgespräch für erforderlich, hat der Vorsitzende den Antragsteller gemäß § 7 Abs. 2 FAO mit einer Frist von mindestens einem Monat zu laden.

(7) Hat der Ausschuß gemäß § 7 Abs. 1 S. 2 FAO Fälle zuungunsten des Antragstellers gewichtet, hat er dies dem Antragsteller mit dem Hinweis mitzuteilen, daß dieser ein Fachgespräch beantragen kann. Stellt der Antragsteller diesen Antrag binnen eines Monats ab Zugang der Mitteilung nicht, so kann der Ausschuß seine Stellungnahme nach Aktenlage abgeben, wenn er den Antragsteller hierauf in der Mitteilung hingewiesen hat.

(8) Das Fachgespräch ist nicht öffentlich. Mitglieder des Kammervorstandes können am Fachgespräch und der Beratung als Zuhörer teilnehmen. Dies gilt auch für stellvertretende Ausschußmitglieder.

(9) Versäumt der Rechtsanwalt das Fachgespräch nach zweimaliger Ladung ohne ausreichende Entschuldigung, gibt der Ausschuß seine Stellungnahme nach Aktenlage ab.

(10) Der Ausschuß beschließt über seine abschließende Stellungnahme mit der Mehrheit seiner Stimmen. Bei Stimmengleichheit entscheidet die Stimme des Vorsitzenden.

(11) Der Vorsitzende gibt die abschließende Stellungnahme des Ausschusses dem Vorstand der für den Antragsteller zuständigen Rechtsanwaltskammer schriftlich bekannt. Auf Aufforderung des Vorstandes hat der Vorsitzende oder sein Stellvertreter die Stellungnahme mündlich zu erläutern.

(12) Für das Verfahren wird eine Verwaltungsgebühr erhoben.

§ 8 Gemeinsame Ausschüsse

Wollen mehrere Rechtsanwaltskammern gemeinsame Ausschüsse bilden, so ist hierüber eine schriftliche, von den Präsidenten der Kammern zu unterzeichnende Vereinbarung zu treffen. Die Vereinbarung ist nach Maßgabe der Geschäftsordnung der jeweiligen Rechtsanwaltskammer zu veröffentlichen. In der Vereinbarung ist mindestens zu regeln:

a) Die Fachgebiete, für die gemeinsame Ausschüsse gebildet werden.
b) Die Zahl der Mitglieder der Ausschüsse sowie deren Stellvertreter.
c) Die Zuständigkeit für die Bestimmung der Mitglieder, deren Stellvertreter und des Vorsitzenden.
d) Anstelle der gemeinsamen Bestellung der Ausschußmitglieder und der Vorsitzenden kann die Vereinbarung auch einer der vertragsschließenden Kammern die Zuständigkeit für die Bestellung der Mitglieder und des Vorsitzenden in alleiniger Verantwortung zuweisen.
e) Die Bezeichnung derjenigen Kammer, deren Geschäftsstelle die Geschäftsführung des Ausschusses übernimmt.
f) Bestimmungen über die Entschädigung der Ausschußmitglieder, soweit eine von § 103 Abs. 4 BRAO abweichende Regelung vorgesehen wird.
g) Bestimmungen über das Recht, den Vertrag zu kündigen.

Anschriften

Organisation	Adresse	PLZ	Ort	Telefon/Telefax
Barmenia Krankenversicherung	Kronprinzenallee 12–18	42119	Wuppertal	
Bayerische Rechtsanwaltsversorgung	Arabellastr. 33	81925	München	(089) 2160–0/ (089) 21608673
Berlin-Kölnische Versicherungen	Willi-Becker-Allee 11	40227	Düsseldorf	(0211) 9773–0/ (0211) 9773 -106 und -150
Bielefelder Kompaktkurs – Institut für Rechtsgestaltung, Steuern und Recht der rechts- und wirtschaftsberatenden Berufe der Universität Bielefeld	Postfach 100131	33501	Bielefeld	(0521) 106–3174 (Sekretariat, Anrufbeantworter); (0521) 106–3173 und -3178 (inhaltliche Fragen)/ (0521) 106–3175
Bundesversicherungsanstalt für Angestellte	Ruhrstraße 2	10704	Berlin	(030) 865–1/ (030) 86527240

Organisation	Adresse	PLZ	Ort	Telefon/Telefax
Bundesverwaltungsamt	Bahnstraße 6	50728	Köln	(0221) 758–0/ (0221) 758–4850 und –2823; Servicetelefon (01803) 331919
Central Krankenversicherung AG	Hansaring 40–50	50593	Köln	(0221) 1636–0/ (0221) 1636–200
Debeka (Krankenversicherungsverein a.G.)	Ferdinand-Sauerbruch-Str. 18	56073	Koblenz	(0261) 498–0/ (0261) 498–1531
Deutsche Anwalt- und Notarversicherung	Hafenstraße 50	67061	Ludwigshafen	(0621) 564946
Deutsche AnwaltAkademie	Ellerstr. 48	53119	Bonn	(0228) 9836677/ (0228) 9836666
Deutsche Krankenversicherung AG	Aachener Straße 300	50933	Köln	(0221) 578–0/ (0221) 578–3694
Deutscher Anwaltsverein – Ausschuß für Aus- und Fortbildung –	Adenauerallee 106	53113	Bonn	(0228) 2607–0/ (0228) 2607–46 oder –42 oder –57
Deutscher Anwaltsverein	Adenauerallee 106	53113	Bonn	(0228) 2607–0/ (0228) 2607–46/–57/–42

Organisation	Adresse	PLZ	Ort	Telefon/Telefax
Deutsches Anwalts-institut e.V.	Postfach 52 02 80	44740	Bochum	(02 34) 97 06 40 oder 1 50 81/ (02 34) 70 35 07
DEVK	Riehler Str. 190	50735	Köln	(02 21) 7 57–0/ (02 21) 7 57–22 00
Fachinstitut für Betriebswirtschaft und Steuerrecht Dr. Grannemann und von Fürstenberg	Marienstraße 8	79098	Freiburg	(07 61) 3 90 90 und 3 90 36/ (07 61) 3 06 25
Fernuniversität – Gesamt-hochschule – in Hagen Studenten-sekretariat Frau Diana Kargl	Postfach 9 40	58084	Hagen	(0 23 31) 9 87–24 66 (0 23 31) 9 87–24 60 Kursinhalte, Einsen-dearbeiten, Ablauf des Programms: Frau Schultz (0 23 31) 9 87–42 15 oder 42 01/ (0 23 31) 68 88 96 mittwochs und freitags von 10 bis 13 Uhr
Fernuniversität – Gesamthoch-schule	Konkordia-straße 5	58084	Hagen	(0 23 31) 9 87–01/ (02 31) 9 87–24 60

Organisation	Adresse	PLZ	Ort	Telefon/Telefax
Gerling-Geschäftsstelle für rechtsberatende Berufe	Postfach	50597	Köln	(02 21) 1 44–79 75/41 22/ (02 21) 1 44–51 55
Gesellschaft für Juristen-Information mbH GJI	Kirchberger Weg 18	72160	Horb/N.	(0 74 51) 89 12/ (0 74 51) 12 62
HUK-Coburg	Bahnhofsplatz	96444	Coburg	(0 95 61) 96–0 (0 95 61) 96 36 36
Institut der Anwaltschaft	Lengsdorfer Hauptstraße 73	53127	Bonn	(02 28) 25 91 85/ (02 28) 25 94 08
Institut Français	Adenauerallee 35	53113	Bonn	(02 28) 73 76 09 oder 26 59 22
Niedersächsisches Versorgungswerk der Rechtsanwälte	Bahnhofstraße 5	29221	Celle	(0 51 41) 2 80–92 (–93)/ (0 51 41) 2 44 01
Rechtsanwaltsversorgung Berlin	Kein Versorgungswerk			
Rechtsanwaltsversorgung Brandenburg	Kein Versorgungswerk			
Rechtsanwaltsversorgung Mecklenburg-Vorpommern	Kein Versorgungswerk			

Organisation	Adresse	PLZ	Ort	Telefon/Telefax
Rechtsanwaltsversorgung Rheinland-Pfalz	Schloßstraße 10	56068	Koblenz	(0261) 15775/ (0261) 14735
Rechtsanwaltsversorgung Sachsen	Kein Versorgungswerk			
Rechtsanwaltsversorgung Sachsen-Anhalt	Kein Versorgungswerk			
Rechtsanwaltsversorgung Thüringen	Kein Versorgungswerk			
Republikanischer Anwaltsverein – Geschäftsstelle	Ellernstraße 13	30175	Hannover	(0511) 816061/ (0511) 813769
Schleswig-Holsteinisches Versorgungswerk für Rechtsanwälte	Gottorfstraße 13	24837	Schleswig	(04621) 34311/ (04621) 31596
UKV/Provinzial	Provinzialplatz 1	40591	Düsseldorf	(0221) 40083-0/ (0221) 40083-22
Unitas Versicherungs-AG	Konrad-Adenauer-Ufer 69	50668	Köln	(0221) 1667-0/ (0221) 1667-501

Organisation	Adresse	PLZ	Ort	Telefon/Telefax
VBG Verwaltungs-berufsgenossen-schaft	Deelbögen-kamp 4	22281	Hamburg	(0 40) 51 46–0/ (0 40) 51 46–27 71/27 72
Versorgungswerk der Rechtsanwälte im Lande Hessen	Myliusstr. 15	60323	Frankfurt a.M.	(0 69) 72 22 52
Versorgungswerk der Rechtsanwälte im Lande Nord-rhein-Westfalen	Immermann-straße 69	40210	Düsseldorf	(02 11) 35 38 45
Versorgungswerk der Rechtsanwälte in Baden-Würt-temberg	Hohe Straße 16	70174	Stuttgart	(07 11) 29 91–0 51/0 52/ (07 11) 2 99 16 50
Versorgungswerk der Rechtsanwalts-kammer des Saar-landes	Am Schloßberg 5	66119	Saarbrük-ken	(06 81) 58 20 48/ (06 81) 58 10 47

Stichwortverzeichnis